Scissors×Razor Cut Technique Book

Koji Yamashita_HEARTS/Double

SHINBIYO SHUPPAN

はじめに

　この本はHEARTS／Doubleの代表・山下浩二氏の、初のカットテクニック本です。

　山下氏のデザインは、空気を含んだような軽やかな丸さ、重いとも軽いとも一言では形容しがたい不思議な量感、シャープであってもしなやかに動く毛先…など、メリハリ感と柔らかさを融合させた独特の作風で、お客様にはもちろん、美容業界の中でも高い人気を誇ります。

　その山下氏が約15年前から研究を続けている、シザーとレザーを組み合わせた新しいカットテクニック。「山下流カット」とでも呼ぶべきこのカット方法が、実は彼の独特のフォルム感、質感作りに大きく関わっているのです。

　ご存知のように、ヘアデザイナーが持つテクニックは、デザインと密接に関係しています。テクニックの開発が、デザインに変化を生み出す。実現したいデザインがあるから、テクニックが進化していく。そのスパイラルの中で、ヘアデザイナー独自の「色」は生まれていきます。

　そう、「山下流デザイン」の秘密は、シザーとレザーを組み合わせた、この「山下流カット」にあるのです。

　今回ご紹介する「山下流カット」テクは、フォルムのメリハリと、カットしたてでも「2週間過ぎたころのような」自然ななじみ感、この両方を同時に表現したいという、山下氏の長年の思いの結実です。シザーのメリット、レザーのメリットを、両方組み合わせることによって、今までにないスピードと簡単さで、あのフォルム感と質感を、同時に表現することを可能としました。

　これは彼自身が語るように（P19及びDVD参照）、「目指すデザインを、スピーディで合理的、楽に楽しくカットできるように考えた結果」生まれたカット方法です。「シザーカットが好き、シザーカットに自信アリ！と言う人ほど取り入れてみて欲しい。そういう人ほど、すぐ理解してくれるはずだから」と言う山下氏。

　一見、新しい技法ですが、シザーの考え方をベースにしているので、少し慣れれば、とてもスムーズに進んでいけるはずです。今回は、ニーズの高いベーシックな7スタイルを例に、DVDと写真で細かく丁寧に解説しています。ぜひ一度トライして、サロンワークに取り入れてみてください！

編集部

Contents

004 はじめに

Design collection_01
for scissors×razor — 006

019 Message ～僕がシザーとレザーを使う理由～ [DVD]

Scissors×Razor Technique Part01 — 020
山下流 シザー×レザーの組み合わせ

022 Chapter01 山下流「中心点」でカットする

024 Chapter02 山下流「中心点」の姿勢

026 Chapter03 中心点で考えると、フォルム操作が容易になる [DVD]

028 Chapter04 シザーカットとレザーカットを比べる

Scissors×Razor Technique Part02 — 032
レザーカットの基本テクニック

033 Chapter01 レザーの握り方と動かし方 [DVD]

036 Chapter02 覚えておきたい基本のレザーテク [DVD]

Design collcction_02
for scissors×razor — 044

Scissors×Razor Technique Part03 — 056
シザー×レザーでつくる7つのフォルムと質感

058 Style 01 前下がりの重めボブ [DVD]

066 Style 02 前下がりの軽めボブ

074 Style 03 ひし形ミディアムレイヤー

082 Style 04 前上がりのマッシュボブ [DVD]

090 Style 05 重めロングレイヤー

100 Style 06 グラデーション風ショート

108 Style 07 動きのあるショートレイヤー

116 奥付

ラビットファーのストール　参考商品／KAMISHIMA CHINAMI
（KAMISHIMA CHINAMI 青山店）シャツ スタイリスト私物

Design collection_01
for scissors×razor

hair_Koji Yamashita make-up_ Tomomi Hiramoto styling_ Takeru Sakai

コート、パンツともに参考商品 カットソー¥23,100 ／すべて KAMISHIMA CHINAMI（KAMISHIMA CHINAMI 青山店）シューズ¥50,400 ／everlasting sprout（クラウン）

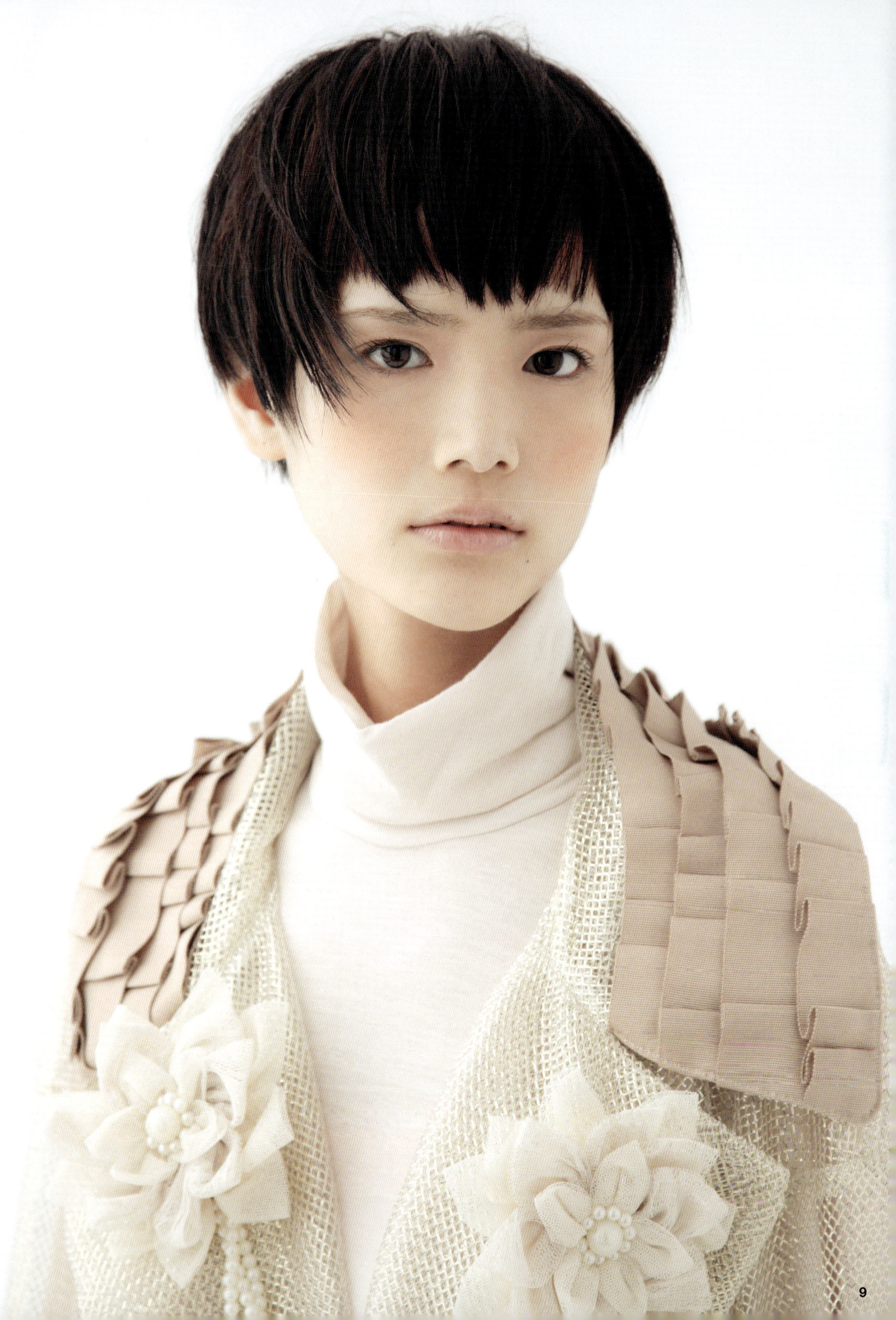

シャツワンピース¥18,900 グローブ¥16,800 襟元に付けたブローチ¥16,800／ともに everlasting sprout（クラウン）靴下¥2,520／MARCOMONDE　その他、スタイリスト私物

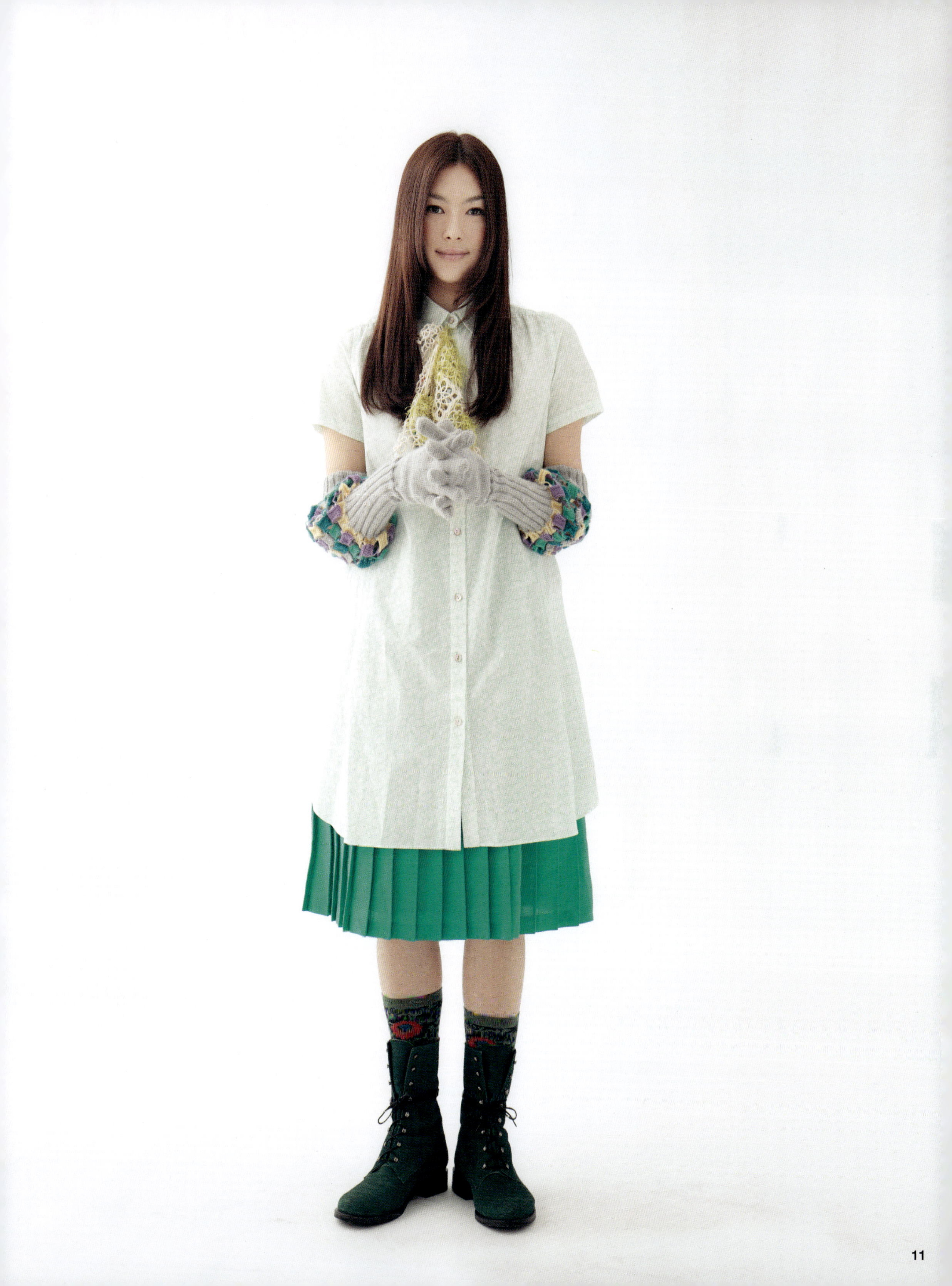

シャツ¥14,700／TROPOPAUSE カーディガン¥23,100／everlasting sprout（クラウン）

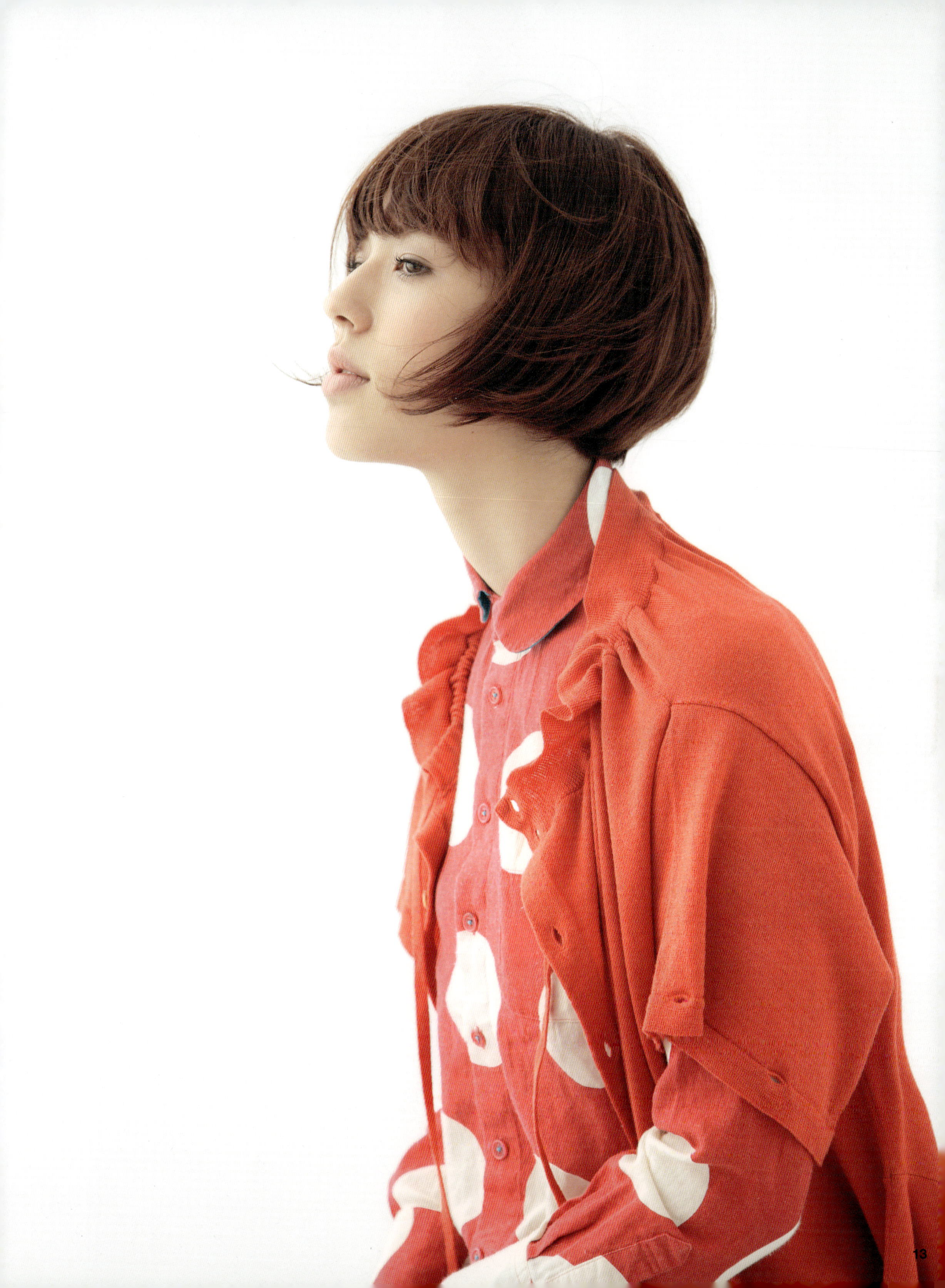

ラビットファーのストール、ビスチェ、リボンすべて参考商品／KAMISHIMA CHINAMI（KAMISHIMA CHINAMI青山店）パンツ¥23,100／monikoto ネックレス¥6,825／too much 靴下¥3,570／MARCOMONDE その他、スタイリスト私物

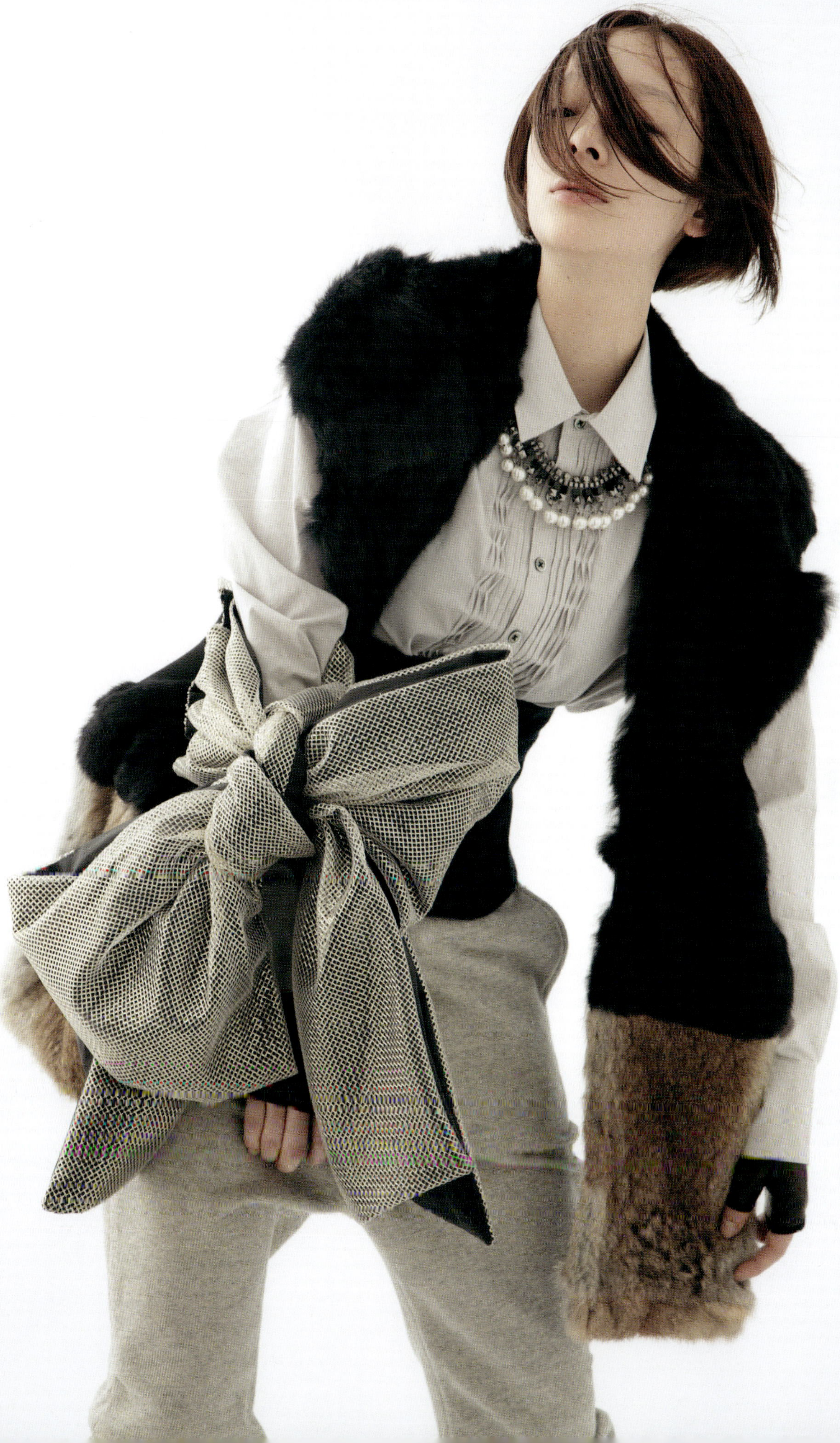

中に着たワンピース¥5,145／galaxxxy　ネックレス
¥15,750／too much　その他、スタイリスト私物

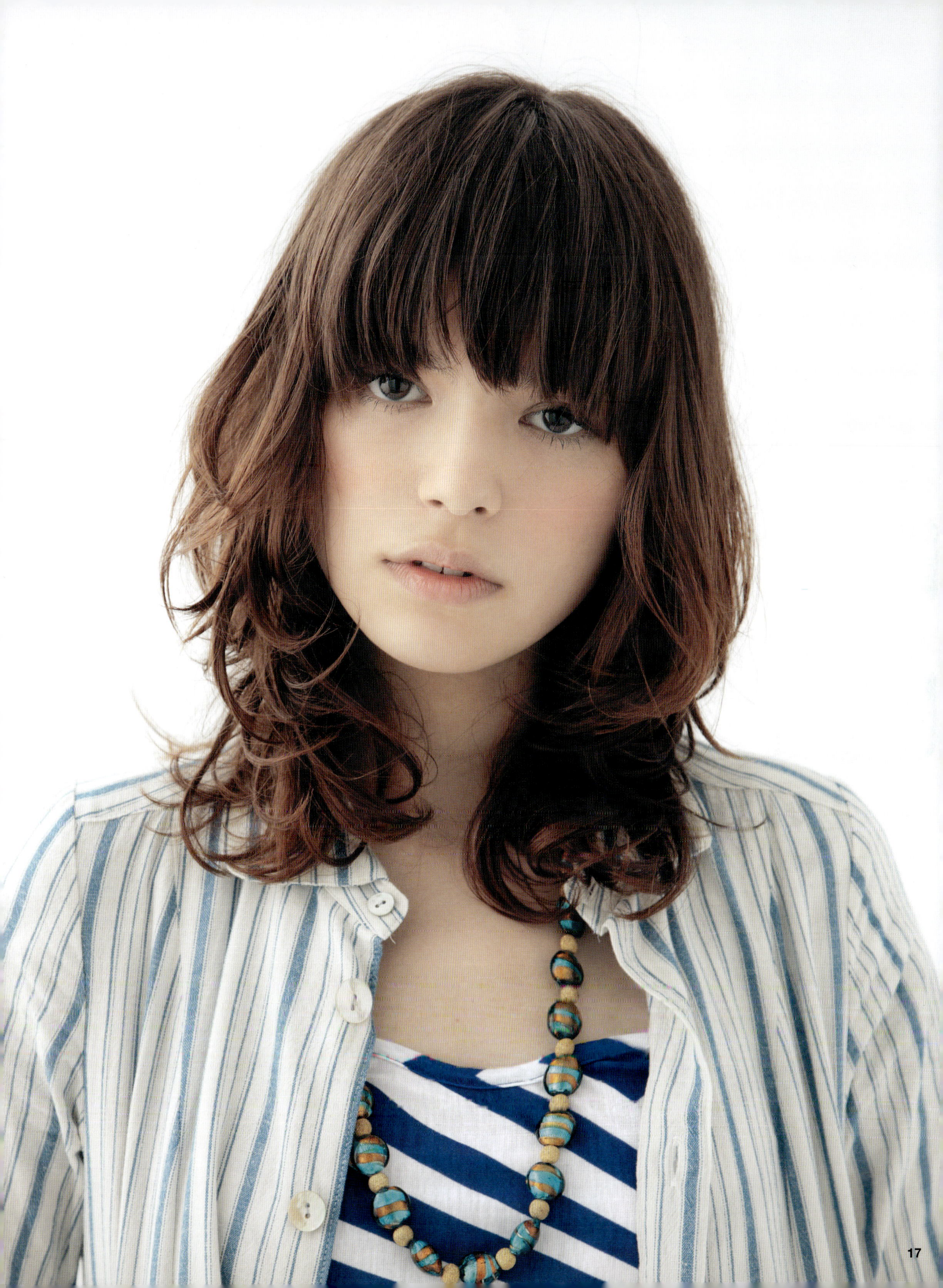

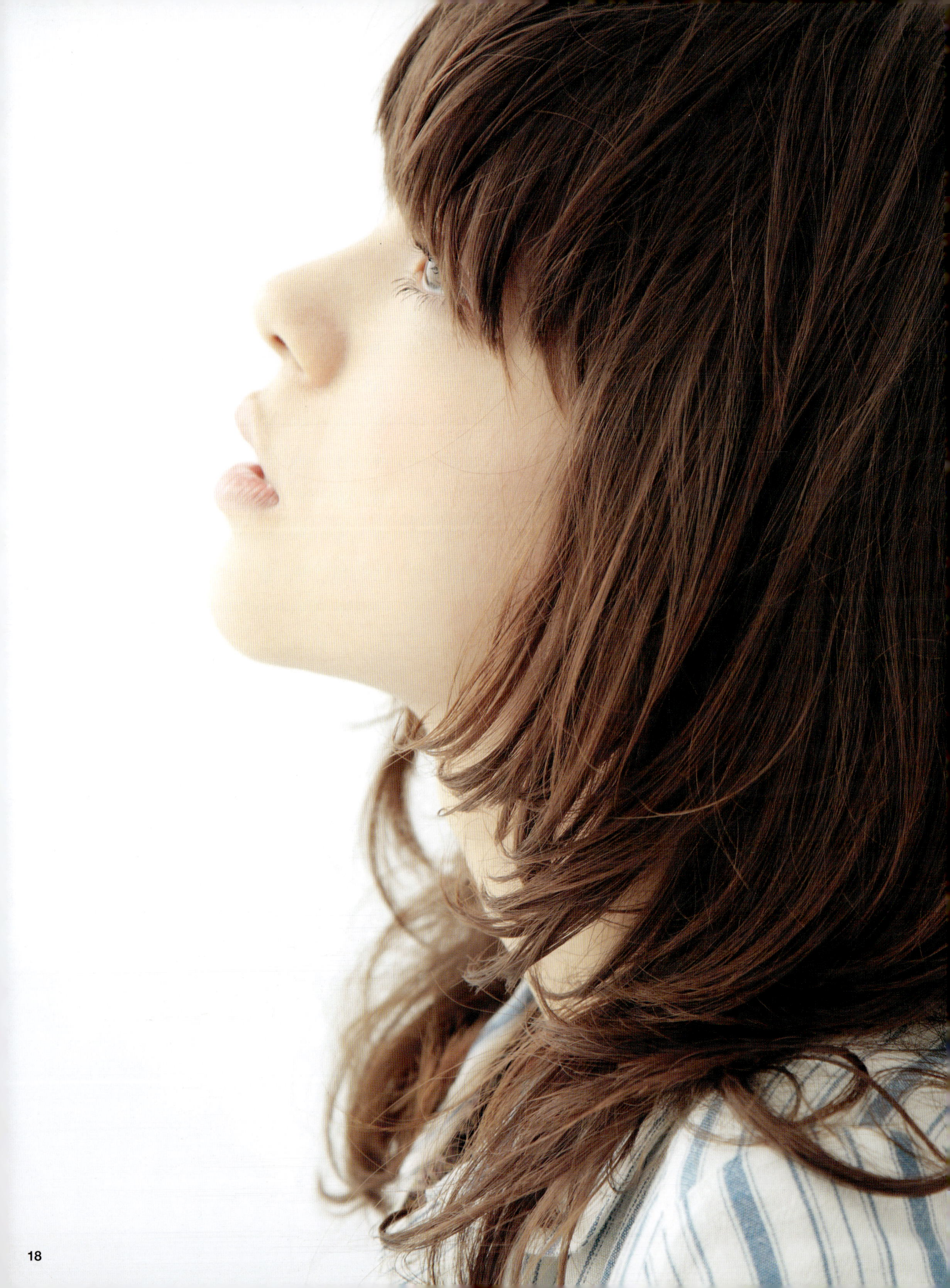

Message 〜僕がシザーとレザーを使う理由(わけ)

　今回、僕がこの本で紹介しているのは、シザーとレザーを組み合わせたテクニックと、そのテクで作るデザインです。

　この切り方を始めたのは、今から15年くらい前。もともとは、ちゃんとメリハリのあるきれいなフォルムで、でも初めから柔らかくなじんだ、動きのある質感のスタイルを作りたい、っていうのが出発点。それをなるべくスピーディに合理的に作れるようにと、工夫していった結果、生まれたのがこのテクなんです。

　僕、それまではレザーって、「削ぐ」道具だとばかり思ってたんですよ。レザーで切ったら、スカスカになって、髪が傷むよなーって。ところが自分で色々研究し始めたら、使い方次第で、髪を傷めることなく、柔らかくて自由に動いて、しかもなじむスタイルを、簡単に作り出せることが分かったんです。それまでもストロークカットやスライドカット、セニングなどで、動きや柔らかさを出す工夫を色々していたんですよ。でもこんなに簡単に、スピーディにはできなかった。

　ただし、この本で紹介しているレザーのテクは、皆さんが知っている従来のレザーカットとはちょっとちがうかもしれません。

　これは、シザーの考え方でレザーを使っていく方法です。サスーンのようにフォルムをきちんと作りながら、しかも柔らかくなじむ毛先を同時に作っていくんです。だから、はじめに「シザーありき」。シザーのテクをマスターしていないと、レザーも使いこなせないと思う。むしろシザーカットが得意という人ほど、取り入れてみてほしいと思っています。

　僕はシザーにはシザーの、レザーにはレザーの利点と弱点があると思ってるんですよ。逆に言うと、シザーだけでも、レザーだけでもどこか足りない。優れている部分がそれぞれ違うのなら、両方使って、両方のメリットを活かしたほうがいいんじゃない？　って思います。硬くシャープに作るのが得意なツールと、柔らかくなじんだ感じが作りやすいツールと、両方使いこなせたほうが、いろいろ楽しいじゃないですか？

　カットって、これが基本、これが王道、みたいな理論を、みんなそれぞれ持っていると思うんですよ。ただ僕は、自分にとってもっともやりやすい方法、計算しやすくて、合理的な方法を「自分の基本」にしたほうがいいと思ってるんです。ストレスなく楽に切れる方法、をね。

　このシザー×レザーのテクは、フォルムも毛量調節も、質感作りもいっぺんにできて、似合わせの調整も簡単という、めちゃくちゃ合理的な方法です。今もし、自分のカットにもう少し工夫を加えてみたい、もうちょっとスキルアップしたいって人がいたら、ぜひ一度試してみてください。きっと、何か新しい発見ができるはずです。

part 01

山下流
シザー×レザーの組み合わせ

この本でご紹介する山下流カットの一番の特徴は、シザーカットのメリットとレザーカットのメリットを、両方とも取り入れていること。お互いの「いいとこどり」で、イメージしたフォルム感、質感をスピーディに実現していきます。また従来の「オンベースで引き出す」発想ではなく、独自の「中心点から引き出す」考え方でカットしていくことによって、パネル操作を容易にしていきます。

scissors
×razor

Point 01
山下流「中心点」

従来の「オンベース」で引き出す発想ではなく、頭の中に「中心点」を設定して、そこからすべてのパネルを引き出す、という考え方をします。この発想でカットしていくと、個々の骨格条件に左右されず、常に理想的な丸みを作り出すことができます。

頭を包む、丸い大きなボールを抱えているようなイメージでカットしていくことになります。

Point 02
山下流「シザー×レザーテク」

シャープなラインとエッジのきいたフォルム、ツヤ感が出しやすいシザーカットと、ソフトなフォルム、柔らかい質感を出しやすいレザーカットのメリットを両方取り入れた「山下流」シザー×レザーカット。レザーを削ぎのツールとして使うのではなく、フォルム操作と毛量調整を同時に行っていく、ベースカットのツールとして捉えます。

シザーでカットした前下がりボブ

シザー×レザーでカットした前下がりボブ

シザー×レザーでカットしたボブのほうが、シザーオンリーでカットしたものより、ソフトで丸みのあるフォルムになっています。ラインはどちらもシザーでカットしているので、ボブ特有のシャープ感が出ています。

Chapter 01
山下流「中心点」でカットする

山下流「中心点」とはなにか？

山下流カットでは、パネルの引き出しの基本を「オンベース」でなく、「中心点」で捉えます。そのほうが、個々の骨格に左右されず、最終的にはどんな頭に対しても正確なパネル操作ができる、と考えるため。オンベースが「頭皮から90度に引き出す」ことに対し、中心点は「頭の中に中心点を設定して引き出す」というちがいです。

1 まず、中が空洞のボールを想像してみる。

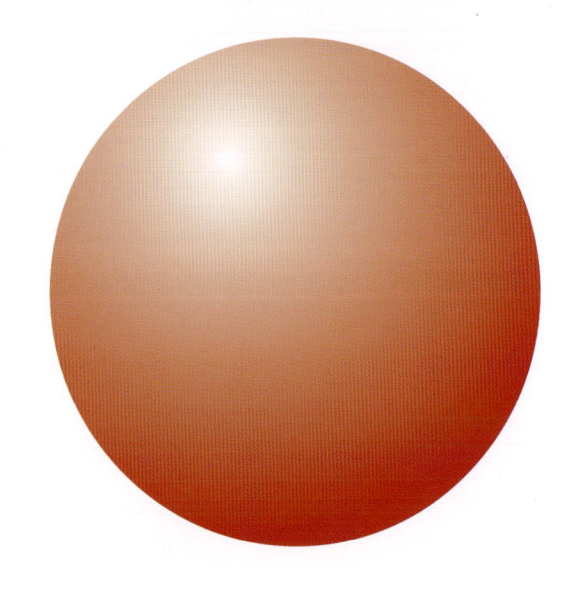

2 そのボールの真中に「中心点」を設定する。

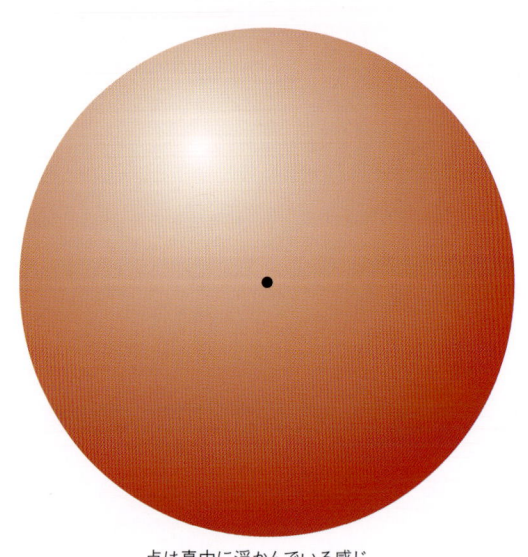

点は真中に浮かんでいる感じ。

3 すべての線は、そこから引き出す。

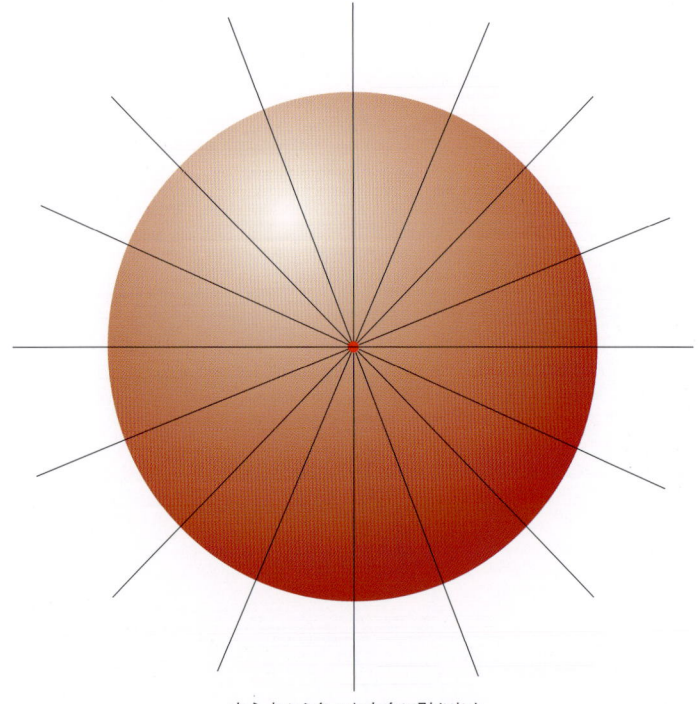

4 これを「頭」に置き換えてみると…？

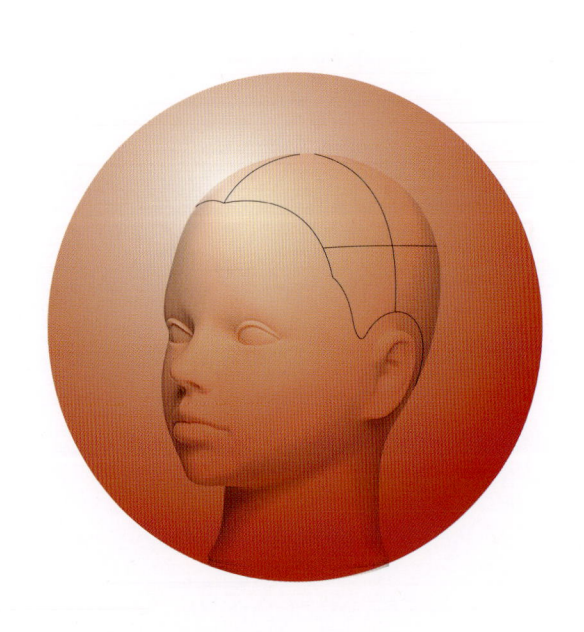

中心点から色々な方向に引き出す。

5 「中心点」は鼻の奥ぐらいの位置になる。

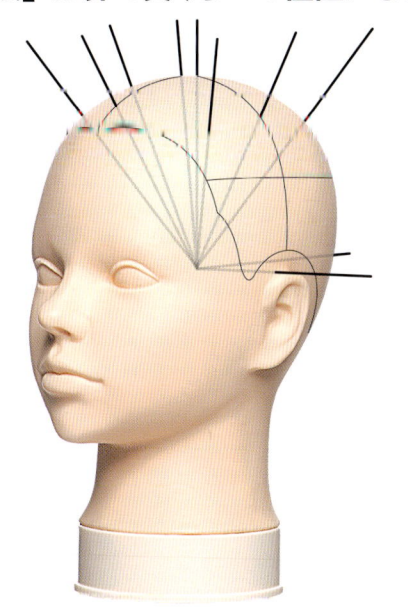

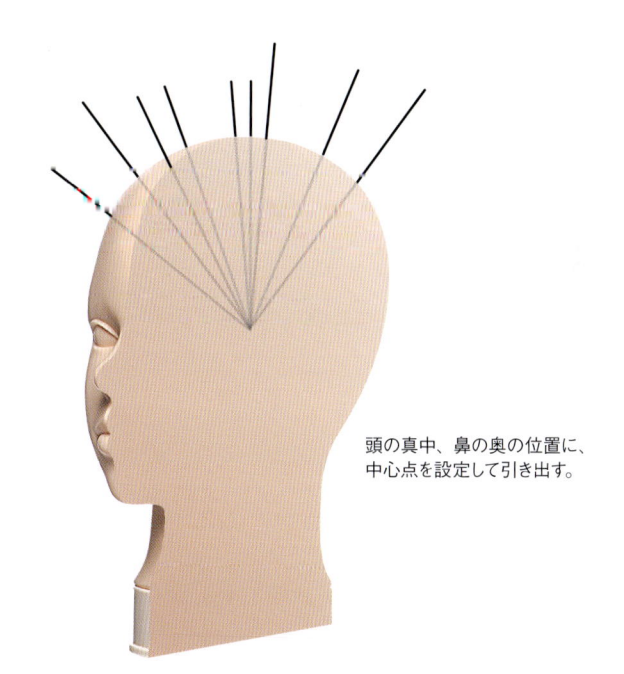

頭の真中、鼻の奥の位置に、中心点を設定して引き出す。

6 「オンベース」と比較すると…?

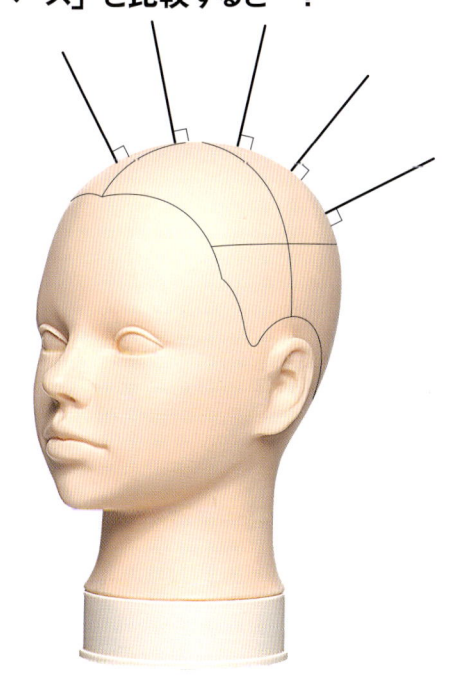

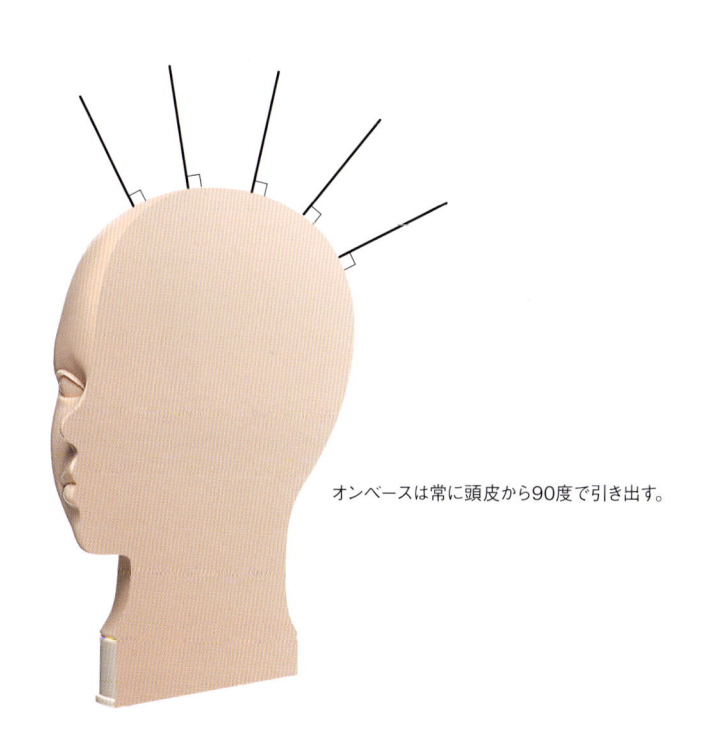

オンベースは常に頭皮から90度で引き出す。

なぜ「オンベース」ではなく「中心点」でカットするのか?

頭の中に「中心点」を設定して引き出す考え方

中心点を設定し、そこから放射状にパネルを引いていくと、頭を包む大きな丸いボールを抱えているような意識でカットしていくことになります。その結果、個々の骨格に関係なく、常に頭に対して理想的な丸みを作っていくことになるのです。また応用編として、点の位置を上下左右にずらしても、その位置を中心とした丸いボールも意識することになるので、どんなカタチであっても理想的な丸みを作りやすいのです。

中心点でカットすると、フォルムが常に理想的な丸みに近づく。

頭皮から90度に引き出すオンベースの考え方

頭皮から90度で引き出すオンベースの場合、すべてのパネルを正しく引き出せれば、中心点でカットしたセイムレイヤーとさほど大きなちがいは出ません。しかし実際は、下のセクションになるほど「頭皮から90度」の角度が狂いやすいという難点があり、また人間の場合は、個々の骨格に左右されたフォルムになるという問題があります。つまりゼッペキの頭だと、ゼッペキのままのフォルムになってしまうわけです。

Chapter 02
山下流「中心点」の姿勢 (シザーカットの場合)

中心点から引き出すときは、丸いボールをイメージ

中心点を特に強く意識してほしいのは、シザーでレイヤーをカットするとき。ここでは頭の真中に中心点を設定して放射状に引き出し、セイムレイヤーをカットしている姿勢を例に見ていきましょう。ポイントは、常に「丸い大きなボールを、腕に抱いているイメージを持つ」です。

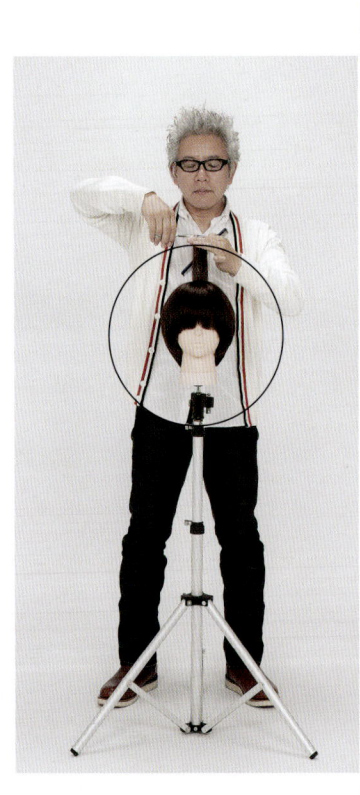

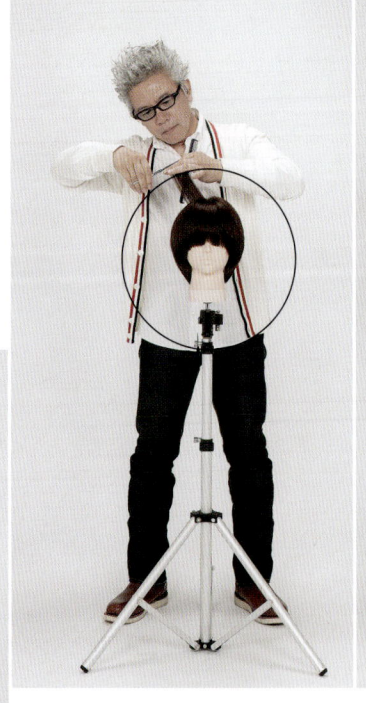

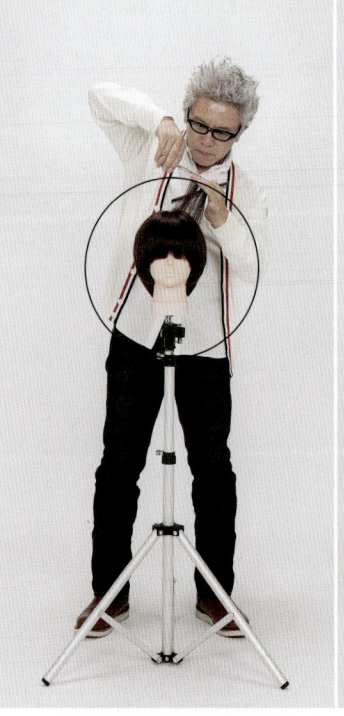

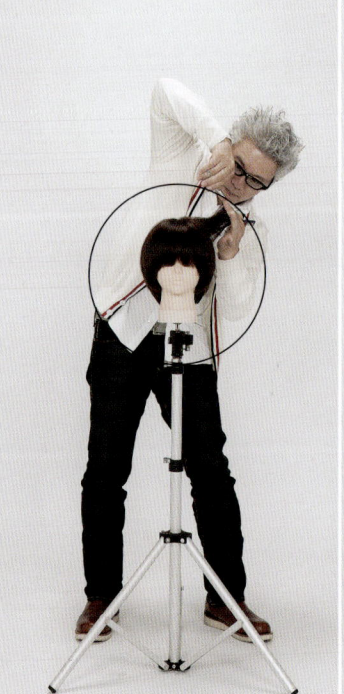

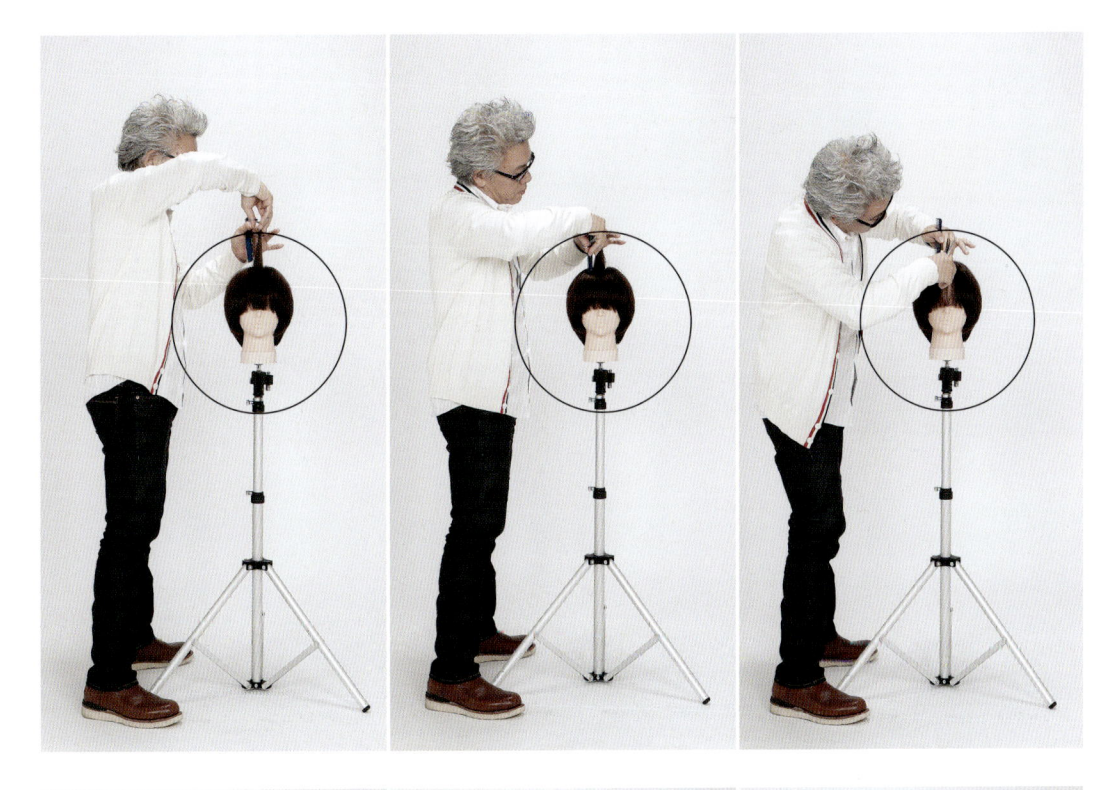

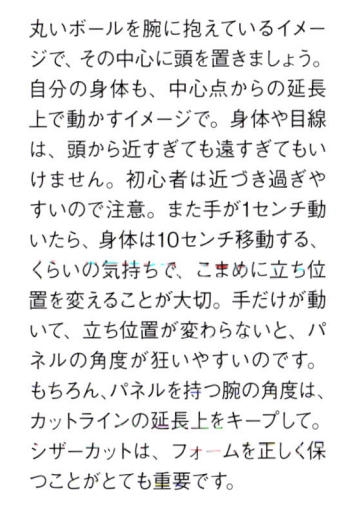

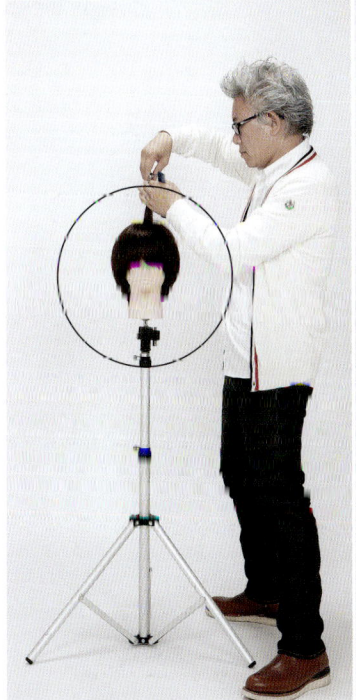

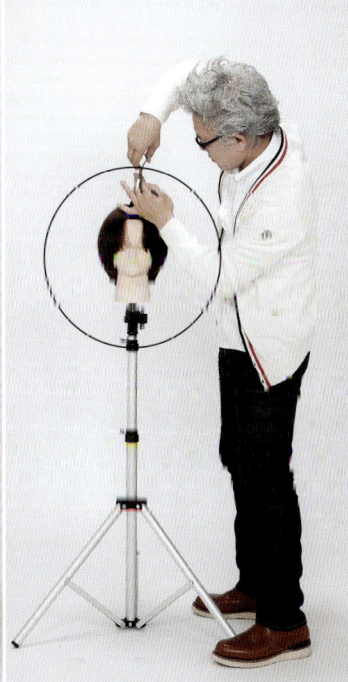

part 01　　　　chapter 02　　　　**Scissors×Razor Cut Technique Book**

丸いボールを腕に抱えているイメージで、その中心に頭を置きましょう。自分の身体も、中心点からの延長上で動かすイメージで。身体や目線は、頭から近すぎても遠すぎてもいけません。初心者は近づき過ぎやすいので注意。また手が1センチ動いたら、身体は10センチ移動する、くらいの気持ちで、こまめに立ち位置を変えることが大切。手だけが動いて、立ち位置が変わらないと、パネルの角度が狂いやすいのです。もちろん、パネルを持つ腕の角度は、カットラインの延長上をキープして。シザーカットは、フォームを正しく保つことがとても重要です。

25

Chapter 03
中心点で考えると、フォルム操作が容易になる

中心点の移動で、フォルムをコントロール

頭の真中に中心点を置くことが基本。これはオンベースの考え方に相当します。ただしオンベースよりも、頭の骨格の善し悪しに左右されず、理想的な丸みを作ることができます。この考え方をベースに、中心を移動させてカットしてみると、丸みはそのまま、様々なフォルムを作り出すことができます。

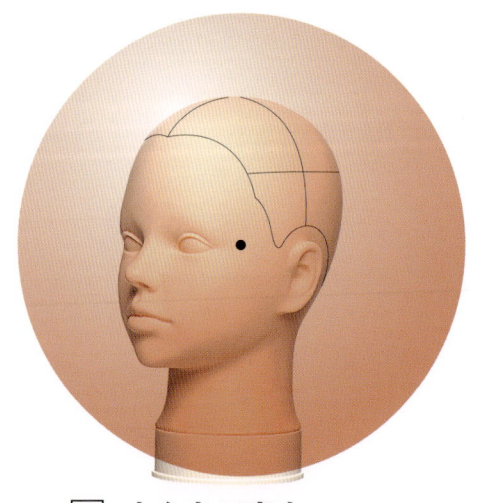

1 中心点が真中
頭をぐるりと丸く包むので、オンベースでカットしたセイムレイヤーとほぼ同じ形になる。

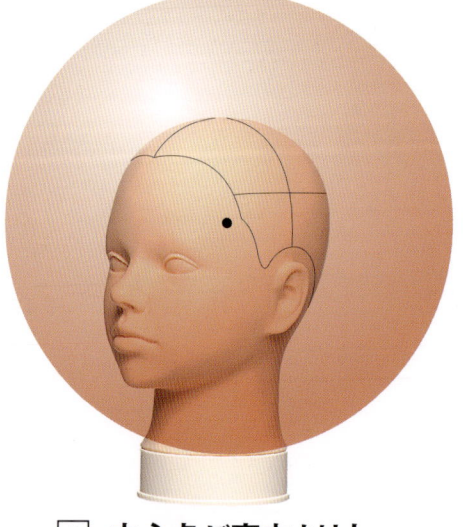

2 中心点が真中より上
丸いボールのイメージが上にずれるので、カットしたパネルは、上が長く、下が短くなる。セイムレイヤーよりもグラに近くなる。

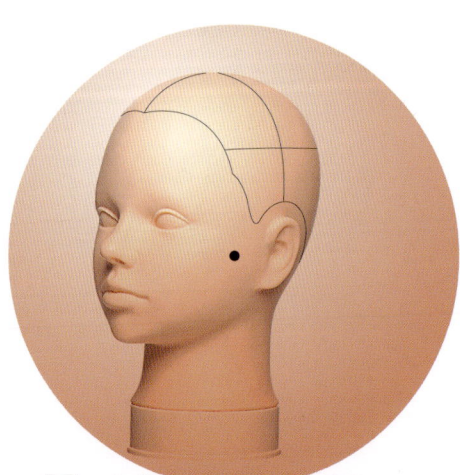

3 中心点が真中より下
ボールが下にずれるので、カットしたパネルは上が短く、下が長くなる。セイムレイヤーではなくレイヤーになる。

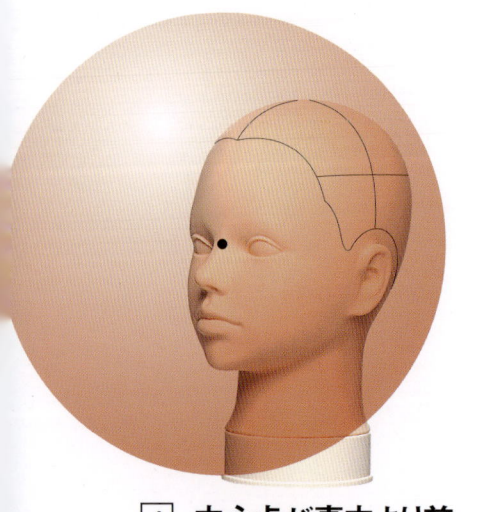

4 中心点が真中より前
ボールは前方にずれる。ここを中心にすると、通常、後ろに引いてカットすることになり、前が長く、後ろほど短くなる。

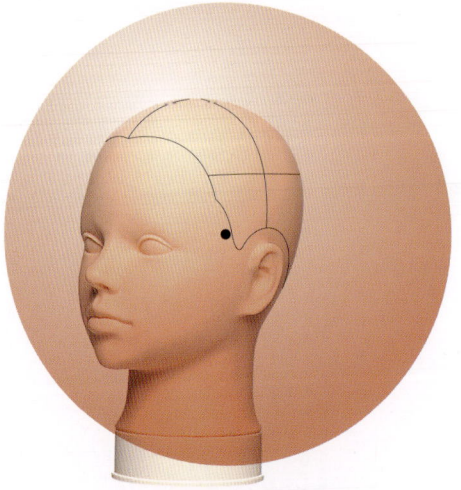

5 中心点が真中より後ろ
ボールは後方にずれる。ここを中心にすると、通常、前に引いてカットすることになり、前が短く、後ろほど長くなる。

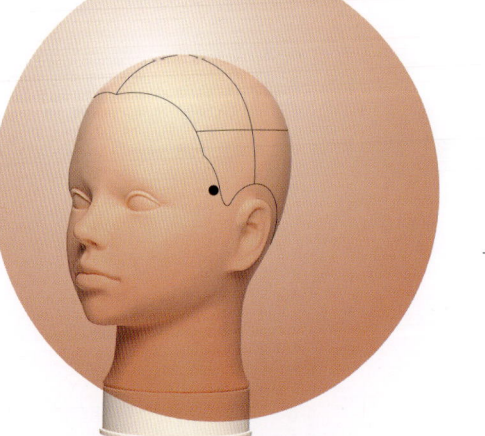

→ 中心点を変えただけで、簡単にフォルムを変化させることができる。

🅓🆅🅓 中心点を上下させたときのフォルムの変化

実際に中心点を上下させたときのフォルムの変化を見ていきましょう。自分が設定した位置を、頭の真中ではなく、それよりも下、それよりも上に設定するだけで、同じ放射状に引き出してもフォルムは大きく変化していきます。ここではトップの長さを一定(約12センチ)にして、中心点を上下に変化させた場合で見ていきます。

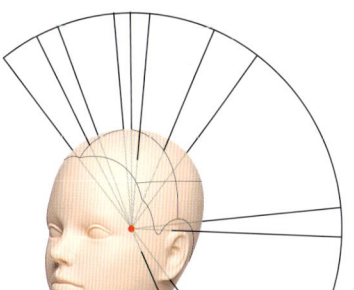

中心点を真中に置く

P23で紹介した、基本の「頭の真中に中心点」を置き、放射状に引き出してセイムレイヤーでカットしたスタイル。いわゆるセイムレイヤーのフォルムになっています。

中心点を上にずらす

図のように、中心点を上にずらしています。上にいくほど長さが出て、下が短くなるので、アウトライン側に厚みが出て、グラデーションっぽいフォルムになります。

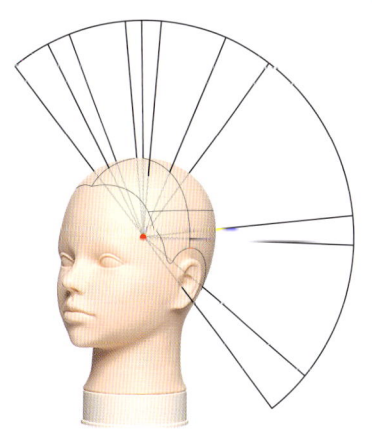

中心点を下にずらす

図のように、中心点を真中よりも下にずらしています。トップの長さは同じですが、下にいくほど長さが出て、レイヤーもハッキリし気味になり、縦長ラウンドになります。

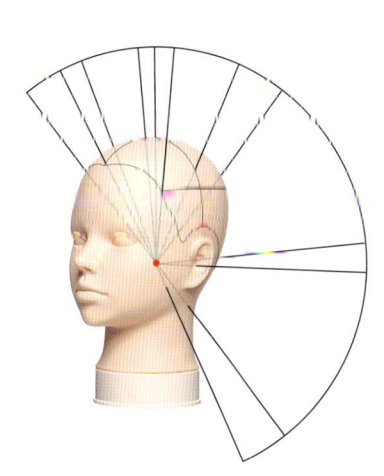

Chapter 04
シザーカットとレザーカットを比べる

scissors

シザーでカットした前下がりのグラボブ

シザーカットの特徴
シャープなライン、構築的でエッジのきいたフォルムがつくりやすく、仕上がりのツヤ感が高いのが特徴。ただし毛先をなじませたり、動きを出すためには、セニングなどのテクが必要なので、ある程度時間がかかります。またレイヤーやグラのパネルの重なりでフォルムを作っていくので、最初からきっちりとした計算が必要です。

レザーカットの特徴
シザーに比べて、カットがスピーディ。フォルムづくりと毛量調節が同時にでき、毛先がなじみやすく、動きやすいことが特徴。ソフトなフォルム、質感が作りやすく、基本的に毛が落ちる場所で切っていくので、仕上がりのカタチがつかみやすいというメリットもあります。しかし正しい切り方をしないと髪が傷み、レザーも長持ちしないのでコストがかかります。髪が非常に薄い人には向きません。

シザー×レザーカットの特徴
山下流シザーカット×レザーカットは、両方のメリット部分を取り入れるため、非常にスピーディ。途中からでも骨格、毛流、似合わせに対応できます。基本的には、①粗切りに近い要領で、シザーで全体の長さ、フォルムの目安をつけ、レザーでアウトラインづくりと毛量調節を同時に行っていく。②初めからレザーでカットし、シャープさが欲しい部分は、最後にシザーでカット。の2方向で考えていきます。

シザー×レザーでカットした前下がりのグラボブ

scissors×razor

part 01　　　chapter 04　　　Scissors×Razor Cut Technique Book

バック第1セクション切り上がり

scissors cut >>>

01
バックのネープからシザーでカット。ハの字スライスで中心点(真中／P26参照)から引き出し、グラの角度で、スライスに平行に切る。サイドに向かうにつれて、後ろへ1パネル分引いてカット。

02
01をガイドに、バックの第2セクションも、グラをつけてカット。サイドに向かうにつれて、後ろへ1パネル分引いて切ることで、前下がりのラインになる。

03
第3セクションは、ななめスライスでカット。徐々に前下がりのラインになってくる。

04
第4セクションも同様にカット。

05
バック最終セクションのカット。イア・トゥ・イアまで同様にカットする。

razor cut >>>

01
バックセンターを中心点から縦スライスで引き出し、アウトラインがえり足よりも2センチ長くなる長さに設定して、サイドカーブのショートストローク(P26参照)でレザーカット。

02
この要領で、左バックセクションすべてを切り進む。切り終わったら、最後にフェイスカーブ(P38参照)で、表面をカット。

03
その上の第2セクションは、縦スライスで、01と同様にレザーカット。ただしアウトラインが01にやや被るように、えり足の長さギリギリに設定。ステムも少し下げる。

04
01と同様にサイドカーブのショートストロークでレザーカット。

05
その上の最終セクションは、さらに第2セクションに少し被さる長さに設定。ステムも第2セクションよりやや下げる。

バック第1セクション切り上がり

バックセクション
切り上がり

サイド第1セクション
切り上がり

>>> >>> >>> >>> >>>

06
バックセクションの切り上がり前下がりのグラになっている。

07
サイドに移る。横スライスで引き出し、バックのラインに合わせて、後ろへ1パネル分引いて前下がりにカット。

08
そのままフロントまで、後ろへ1パネル分引いてカットし、前下がりのラインをつくる。

09
サイドの第2セクションも同様に、後ろへ1パネル分引いてカットし、前下がりラインにする。

10
サイドの最終セクションは、後ろへ1パネル分引いて切ると写真のような角度になる。逆サイドも同様に。

>>> >>> >>> >>> >>>

06
バックセクションの切り上がり。実際にはレイヤー状の切り口だが、重なるとグラデーション的な重さとなり、同時にレザーカットならではの柔らかな丸さも生まれる。

07
イア・トゥ・イアよりフロント側に移る。ハチ部分で、バックまで横スライスで取る。バックの延長上につなげて、やや前下がりのラインでカットしていく。

08
縦スライスで、前下がりになるようにやや後ろに引き出し、サイドカーブのミディアムストロークでカット。フロント1線は切らずに残す。

09
最終セクションは、サイドの延長から、アゴ下の長さの前下がりラインにつなぐ。縦スライスでやや後ろに引き出し、サイドカーブのミディアムストロークでカット。

10
最後に残したフロントを切る。ここからは斜めスライスに変化。アゴ下の長さの前下がりラインになるように設定し、ここも同様にサイドカーブのミディアムストロークでカット。

バックセクション
切り上がり

サイド第1セクション
切り上がり

30

フロントセクション
切り上がり

scissors

11
サイドの切り上がり。アゴ先に向かう前下がりラインになった。

12
ドライ後。ハチやウエイト部分の厚み、毛先の厚みがまだ気になる。

13
厚みの気になるネープを、セニングシザーで毛量調節する。ハチや耳後ろなど、重さの気になる部分も同様に。毛先もセニングでなじみを良くする。

14
動きの欲しいフロント部分は、ストロークカットで軽さと質感を出していく。

15
最後に頭を色々な角度に傾けて、飛び出てくる毛をチェックカット。

11
サイド〜フロントの切り上がり。

12
ドライ後。まだ毛量が多い場所、左右で不均一な場所を調整する。

13
内側からフェイスカーブで削り、毛量を取る。表面には入れないこと。

scissors cut

14
残しておいたネープ部分をシザーでカットし、ラインを整える。

15
サイドのラインも下からシザーで整える。首を傾けて、斜めや下からもチェック。目指すデザインによって、どの程度シャープなラインを出すかを決める。

scissors×razor

フロントセクション
切り上がり

31

part **02**

レザーカットの基本テクニック

ここからは山下流カットにかかせない、レザーカットの基本テクニックをご紹介します。レザーはアウトライン、フォルム、毛量調節が同時に実現でき、とてもスピーディにカットできるツールですが、使い方を誤ると、髪をダメージさせたり、お客さまに痛みを感じさせたりする危険もあります。ここでは髪をダメージさせない、正しいレザーカットのテクニックを解説します。DVDと併せてご覧ください。

razor cut basic technique

Chapter 01
レザーの握り方と動かし方

❚ レザーを手に合うようにカスタマイズ

before　after

山下流カットでは、グリップ部分を手の形に合わせて変形させることのできるタイプを、メインのレザーとして使っています。手の形に合わせると、afterのようにグリップが変形します。

お湯につけて、手の形に合うように変形させた例です。それぞれの手の大きさ、形に合わせて、もっとも安定して握りやすく、サクッとストレスなく毛が切れる角度にカスタマイズしておくことが大切です。

DVD ❚ 2つの基本の握り方

握り方❶ 手のひら全体でしっかり握る

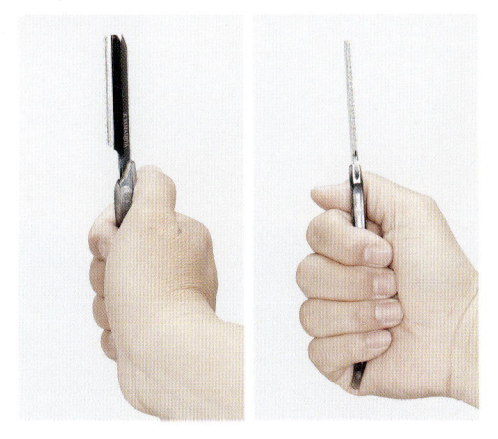

手のひら全体でしっかりと、ぎゅっと握るようにします。ゆるめに軽く握ってしまうと、刃先がブレて、サクッと軽く切ることができません。そうなると毛を傷める大きな原因になります。

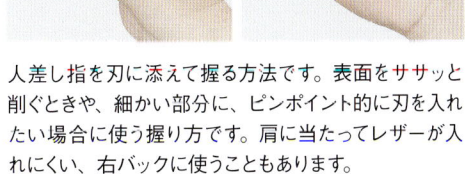

握り方❷ 刃に指を添えて握る

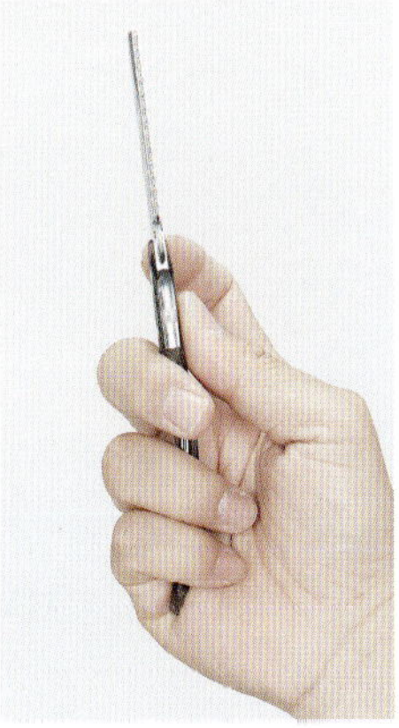

人差し指を刃に添えて握る方法です。表面をササッと削ぐときや、細かい部分に、ピンポイント的に刃を入れたい場合に使う握り方です。肩に当たってレザーが入れにくい、右バックに使うこともあります。

NG! 指先だけで握ると刃先がブレる

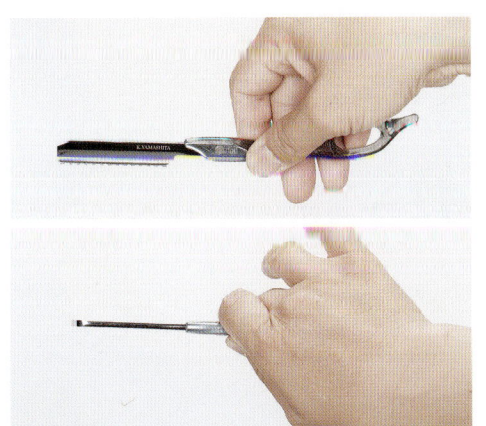

✗ NG!
手のひら全体を使わず、指先だけで軽く握っている例です。これでは刃先がブレて毛を傷めるし、角度も狂います。

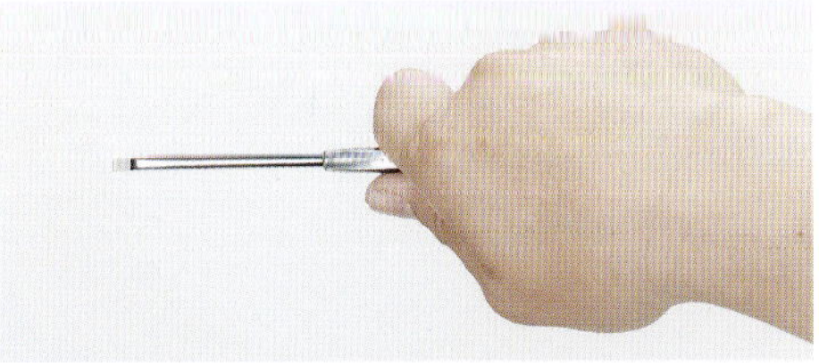

◯ OK!
手のひら全体でしっかり握っている例です。このように握り、手首のスナップを利かせてカットすることで、毛をダメージさせずに軽いカットできます。

33

刃の入る角度（サイドカーブの場合）

もっとも広く使うサイドカーブというテク（P36参照）で、パネルに対するレザーの刃が入る角度を確認しましょう。ここでは右利きの人を例にしています。

フロント左側

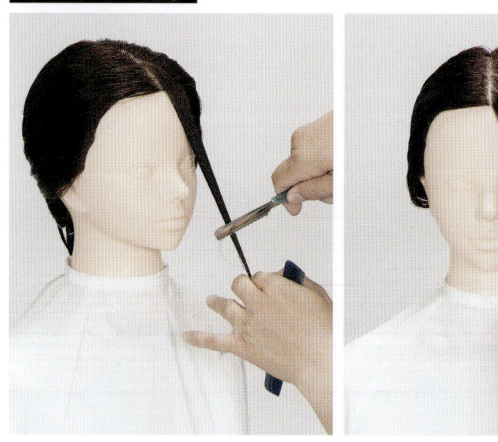

サイドカーブは毛束に対して斜め横にレザーの刃が入っていくテクなので、フロント左側では左斜め横から刃が入ります。動くのはレザーを持つ右手のみ。パネルを持つ左手は動かしません。

フロント右側

今度は、右斜め横からレザーの刃が入ります。刃の入る角度が、左右対称になるように気をつけましょう。フロントは両サイドとも、比較的、難しくはないはず。

バック左側

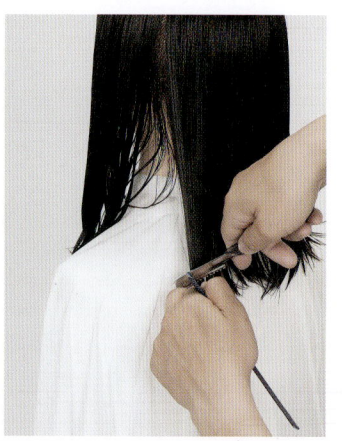

フロント左側同様、左斜め横から刃が入ります。常に、サクッとストレスなく毛が切れる角度を意識することが大切です。

バック右側

バックの右側は肩に当たってしまい、初心者のうちは入れ方が難しい個所。角度が狂うようなら、ここだけややパネルを少しねじって縦気味に引き出し、P33の握り方❷でカットしてみましょう（下写真参照）。

握り方❶の入り方

握り方❷の入り方

握り方❶では、レザーを持つ手が肩に当たってしまい切りづらいのですが、この部分だけ握り方❷に変えると、手が入れやすくなります。ただし、刃の入る角度は左右で同じになるように注意。

レザーの動かし方とリズム

レザーはシザーとちがって、ヒジは動かさずに、手首のスナップだけを使ってカットしていきます。手のひらで毛束を撫ぜるようなイメージ、ソフトにササッと刃を動かすイメージで。どちらかというとコーミングのときの手の動きに似ています。

手首のスナップを使う

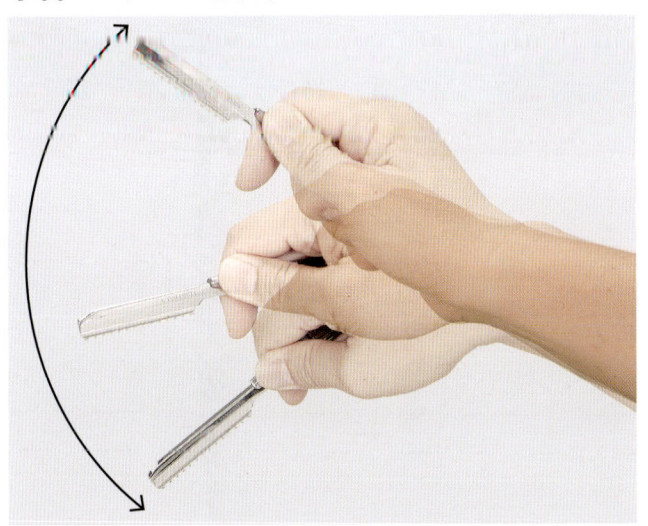

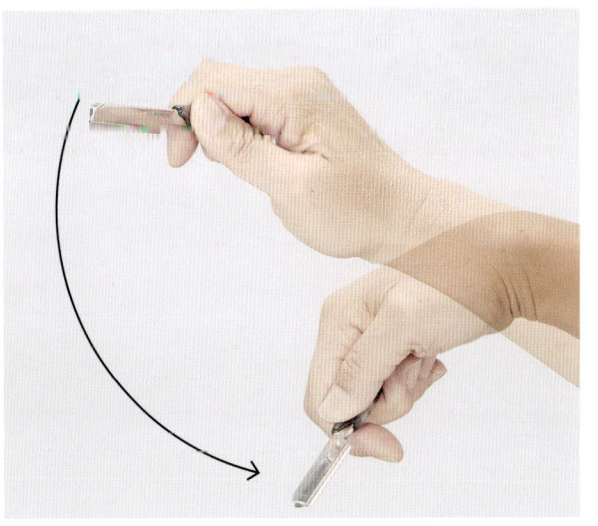

ヒジは固定させて、手首のスナップだけで刃部分を動かします。ただしP33で示したように、しっかりとレザーを握っていないと刃先がブレて、毛にひっかかったり、ザザッと嫌な音がするはず。この音がしたらスムーズに切れていない証拠で、毛を傷める原因になります。

⚪ OK! ヒジは固定させて、手首だけで操作

ヒジは動かさず、手首だけでレザーを動かしています。こうすることで、サクサクとソフトに切れ、パネルのサイドがシャープなラインになります。

― ヒジの位置は一定

✕ NG! ヒジから動かすと、上下に動いて刃先がブレる

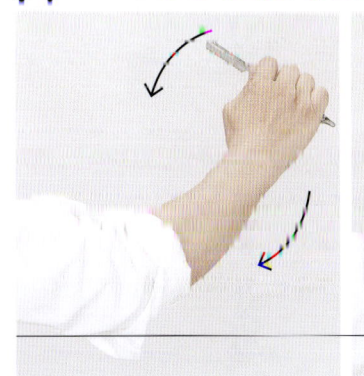

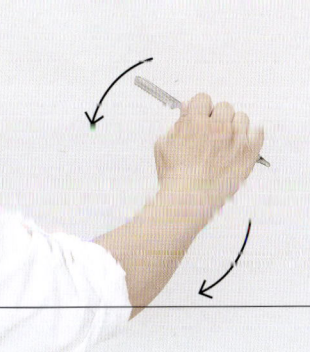

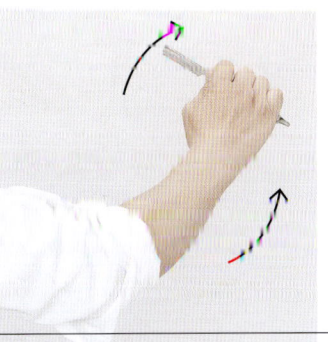

ヒジを起点に動かしているので、ヒジが上下にフレています。当然刃先も安定せずフレて、毛をえぐるようにカットしている状態になり、ガリガリとした音になります。

― ヒジの位置が上下する

Chapter 02
覚えておきたい基本のレザーテク

ここでは最もよく使うレザーテク7つ（❶〜❼）と、応用的なテク5つ（❽〜⓬）を紹介します。特に、「サイドカーブ」はすべてのスタイルに使用するテクなので、スムースに使えるようになるまで、何度も練習してみてください。

■ ❶ 左からのサイドカーブ（ショートストローク）

Side Carves

①1パネルは指の第2関節分幅くらいが目安。初心者は厚く取らないように注意。②パネルの毛先約2センチ上に、左斜め横から刃先を入れて、③手首のスナップを利かせてサクッサクッと、毛先に向かって切っていく。④自然に右に向かう毛流れがつく。このパネルが重なっていくと、毛先が丸く内側に収まっていく。

※Carves＝刻む、彫刻を彫る、の意

どんなときに使うテク？　注意点は？

レザーの切り方の中では、もっとも毛先の厚みとシャープ感が出る切り方です。ツヤ感を出したいとき、重さを残したいスタイル、毛先が内側に丸く収まるフォルムにしたい場合などに適しています。ほとんどのスタイルのネープやバックに使いますが、特にボブ系では多用します。ポイントは、できるだけパネルの横から刃を入れて切り進むこと。

P52のフロント〜サイド部分

P58のバック部分

② 左からのサイドカーブ（ミディアムストローク）

Side Carves

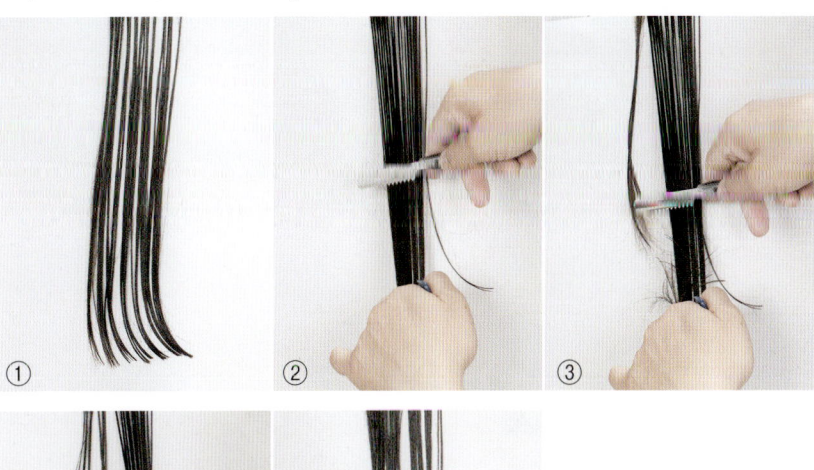

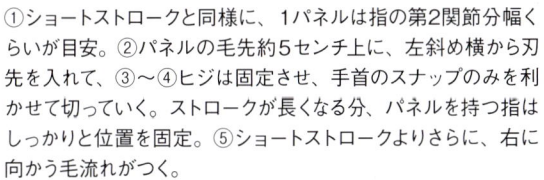

①ショートストロークと同様に、1パネルは指の第2関節分幅くらいが目安。②パネルの毛先約5センチ上に、左斜め横から刃先を入れて、③〜④ヒジは固定させ、手首のスナップのみを利かせて切っていく。ストロークが長くなる分、パネルを持つ指はしっかりと位置を固定。⑤ショートストロークよりさらに、右に向かう毛流れがつく。

どんなときに使うテク？　注意点は？

ボブのフロントなど、動きや軽さを加えたい場所によく使うテクです。ショートストロークよりもさらに切り込むので、より段差が広くつきます。同時に、毛量も多く取り去ることになるので、絶対に同じ箇所を二度切らないことと、パネルの横から刃を入れることを意識します。二度同じ場所に入れると、ペラペラの状態になってしまう危険があります。

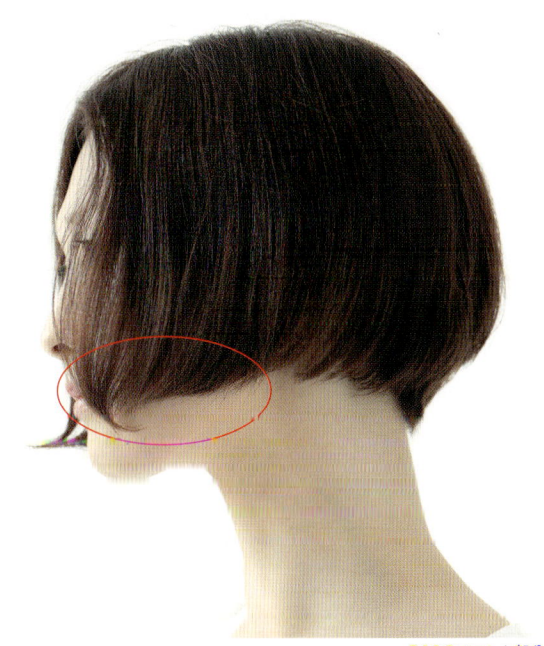

P16のフロント部分

P66のフロント部分

Side Carves

DVD ❸ 左からのサイドカーブ（ロングストローク）

①ショート、ミディアムストロークと同様に、1パネルは指の第2関節分幅くらいが目安。②パネルの毛先約8センチ上に、左斜め横から刃先を入れて、③〜⑤ヒジは固定させ、手首のスナップのみを利かせて切っていく。ストロークがかなり長くなるので、ヒジを動かさないように特に注意。⑥ミディアムストロークよりもさらに、右に向かう毛流れがつく。羽のような毛先になる。

どんなときに使うテク？　注意点は？

ロングレイヤーなど、髪の量をいっきに減らしながらカットしていきたいときに使うテク。カットというより、セニングに近い切り口になります。ただし多用しすぎるとツヤ感が失われ、量感も削がれ過ぎてしまうので、注意が必要です。適所を見極めて、繊細な使い方をするようにします。

P10のアウトライン部分

P14のフェイスライン部分

④ 右からのサイドカーブ（ショートストローク）

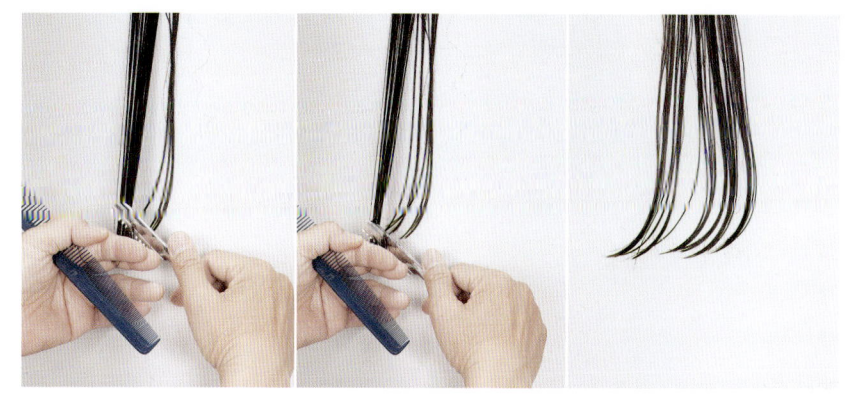

左からのサイドカーブ（ショートストローク）と同様の切り方で、刃先を右から入れるバージョンです。ただし、毛流れは左方向に向かいます。使い方、注意点も同じですが、実際に人間モデルのバックに使用する際は、肩に当たって切りづらい場合があるので、そのときはレザーの握り方を「指を添えて握る」（P33参照）に変えてみましょう。

⑤ 右からのサイドカーブ（ミディアムストローク）

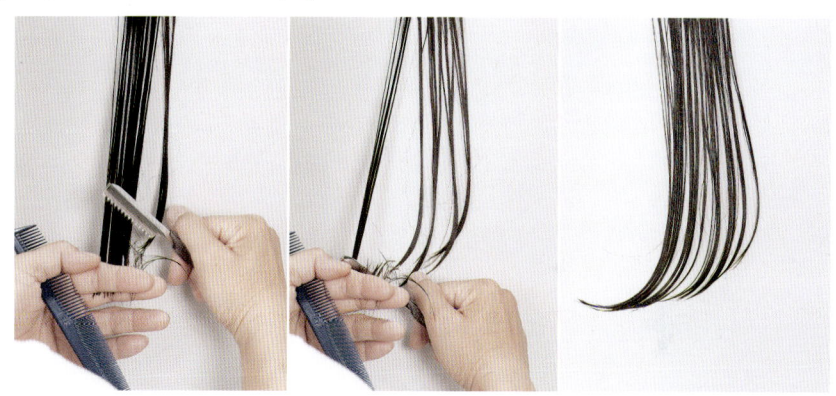

左からのサイドカーブ（ミディアムストローク）と同様の切り方で、刃先を右から入れるバージョンです。毛流れは左方向に向かいます。ただし右からのサイドカーブは、ストロークが長くなるほど、肩に当たる場所が切りにくいので、パネルを少し縦に起こしてから、刃を横に入れてカットしていきます。

⑥ 右からのサイドカーブ（ロングストローク）

左からのサイドカーブ（ロングストローク）と同様の切り方で、刃先を右から入れるバージョンです。毛流れはさらに左方向に向かいます。使い方、注意点も同様です。こちらもパネルを少し縦に起こして、斜め横から刃を入れます。ひっかかりやストレスなく切れる角度をキープして、毛先まで進みましょう。

DVD ⑦ フェイスカーブ

Face Carves

①パネル幅は、指の第2関節分くらいが目安。②パネルの表面に対して平行に刃を置き、③～④そのまま毛先に向かって削いでいく。一度に大量の毛量を取り去ることができる。⑤～⑥毛束が一気に薄くなり、厚みが取れていることが分かる。

どんなときに使うテク？　注意点は？

サイドカーブの次によく使うテクです。大量に毛量を取りたい場合、ダイナミックにフォルムを変えたい場合に使いますが、基本的に内側限定のテクです。使いすぎると、フォルムが大きく変化してしまうので注意。手首のスナップを使って、毛表面を撫でるようにソフトなタッチで、毛先が丸く内側に収まるように、意識しながら削いでいきます。ストロークはショートからロングまで使い分けます。

P8のネープ部分

P52のネープ部分

part 02　　　chapter 02　　　Scissors×Razor Cut Technique Book

Fox Tail

DVD ❽ フォックステール

①②③④⑤⑥

①パネル幅は、指の第2関節分くらいが目安。②〜③まず左からのサイドカーブ（ショートストローク）でカット。④〜⑤次に右からのサイドカーブ（ショートストローク）でカット。⑥キツネの尻尾のような切り口になり、真下に落ちる。

どんなときに使うテク？　注意点は？

左右両方からのサイドカーブで切るテク。毛流れが生まれず真下に落ちるので、ストレートにストンと落としたいバックやサイドに使います。もしくは、もみあげやフェイスラインなど、細く鋭い毛先の表情が欲しい場所に使うこともあります。毛先の角度が左右対称だと真下に落ちますが、わざとどちらかに長短をつけて、少しだけ毛先を曲げることもできます。

P12のフロントサイド部分

P16のノウトフイン部分

41

⑨ インサイドカーブ

Inside Carves

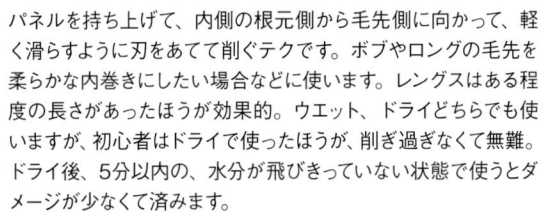

パネルを持ち上げて、内側の根元側から毛先側に向かって、軽く滑らすように刃をあてて削ぐテクです。ボブやロングの毛先を柔らかな内巻きにしたい場合などに使います。レングスはある程度の長さがあったほうが効果的。ウエット、ドライどちらでも使いますが、初心者はドライで使ったほうが、削ぎ過ぎなくて無難。ドライ後、5分以内の、水分が飛びきっていない状態で使うとダメージが少なくて済みます。

⑩ アウトラインカット（＋シザーズ）

Outline Cut

レザーでカットしたパネルの毛先を、最後にシザーでカットして、アウトラインのみシャープにつくるテクです。ボブやマッシュなどはこの方法を使うと、レザーによる丸みとなじみ具合が非常にスピーディに実現できると共に、シャープなラインも作れるので、重さと軽さがミックスされた形と質感が実現できます。

⑪ ボアカーブ

Bore Carves

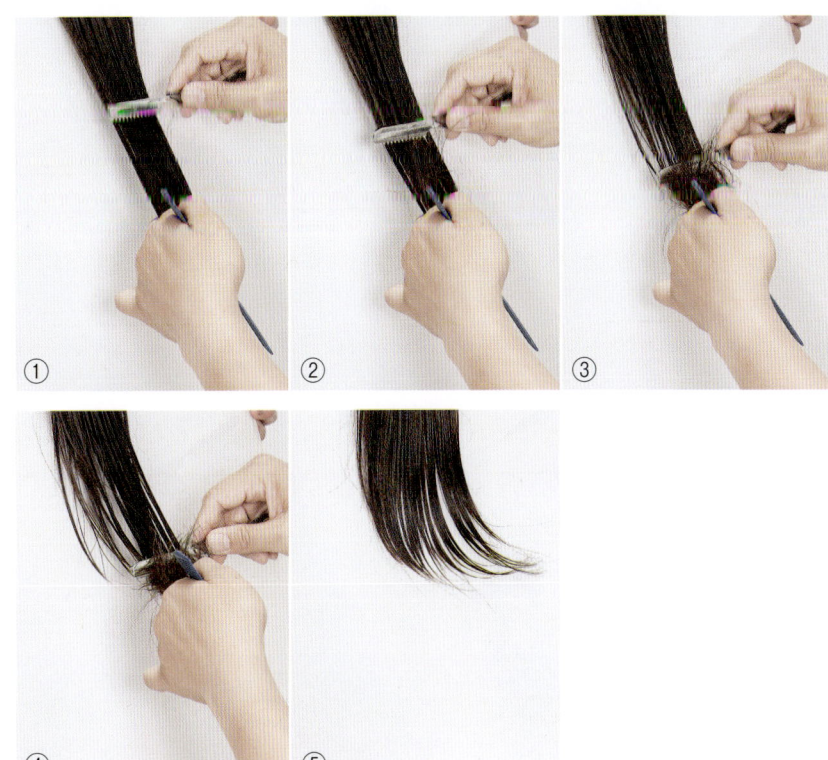

表面からえぐるように削ぐテクです。髪が傷んでみえますし、収まりが悪くなるのでめったに使いませんが、あえて毛先を外に大きくはねさせたり、暴れさせたい場合には効果的な使い方です。

①　②　③　④　⑤

ⓓⅴⅾ ⑫ ウイービングカーブ

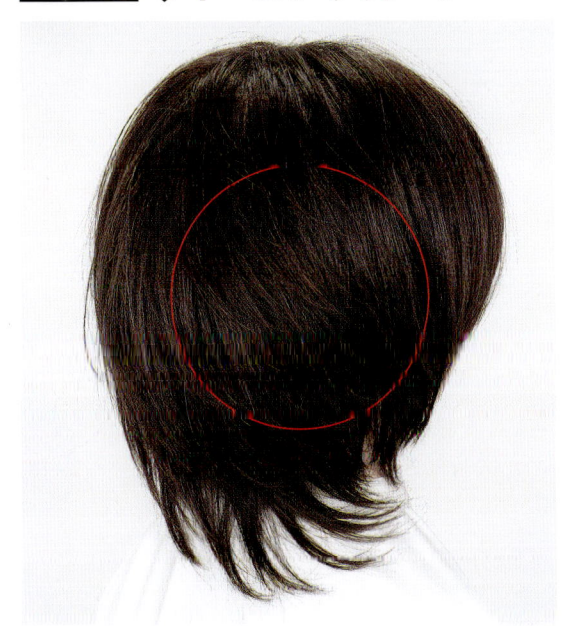

Weaving Carves

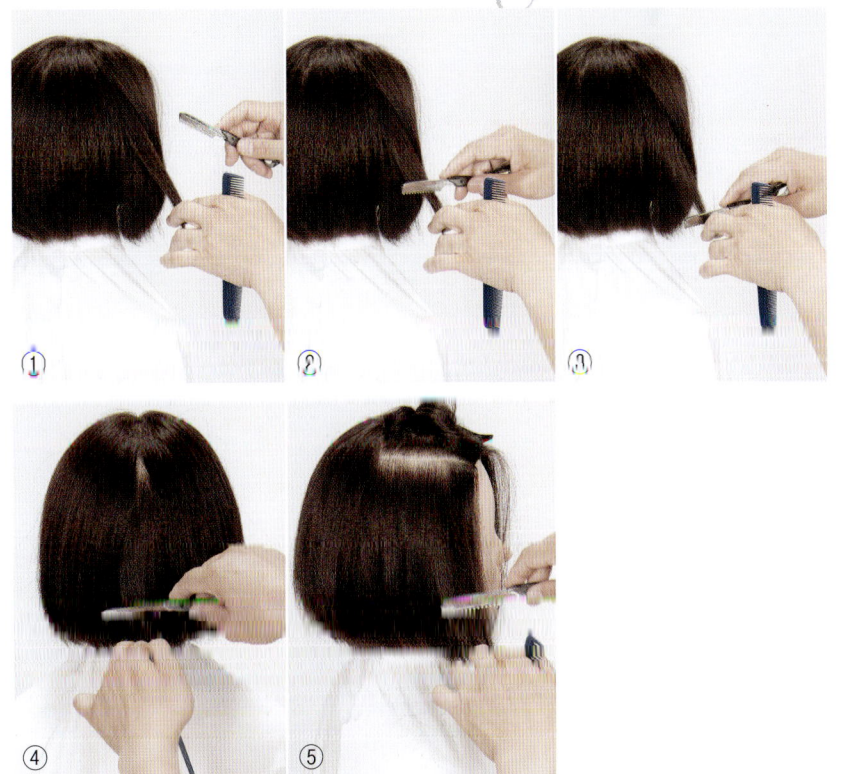

ドライのときに使う、レイザーによる間引きのテクです。ピンポイントで毛量が取り去りたいときに使うのはもちろん、トップの毛量や前髪などの内側に使います。重さが気になるところを内側から引っ張り出して、サイドカーブでカットしていきます。毛先のなじみはそのままに、厚みだけを取り去ることができます。

①　②　③　④　⑤

シャツ ¥48,300／BALMUNG × sakaitakeru
コサージュ ¥8,190／アトリエ染花 (Planche)

Design collection_02
for scissors×razor

hair_Koji Yamashita make-up_ Tomomi Hiramoto(P44〜51)、Yumi Uchida(P52〜55) styling_ Takeru Sakai

シャツ¥45,150／BALMUNG × sakaitakeru
コサージュ¥20,790／アトリエ染花（Planche）

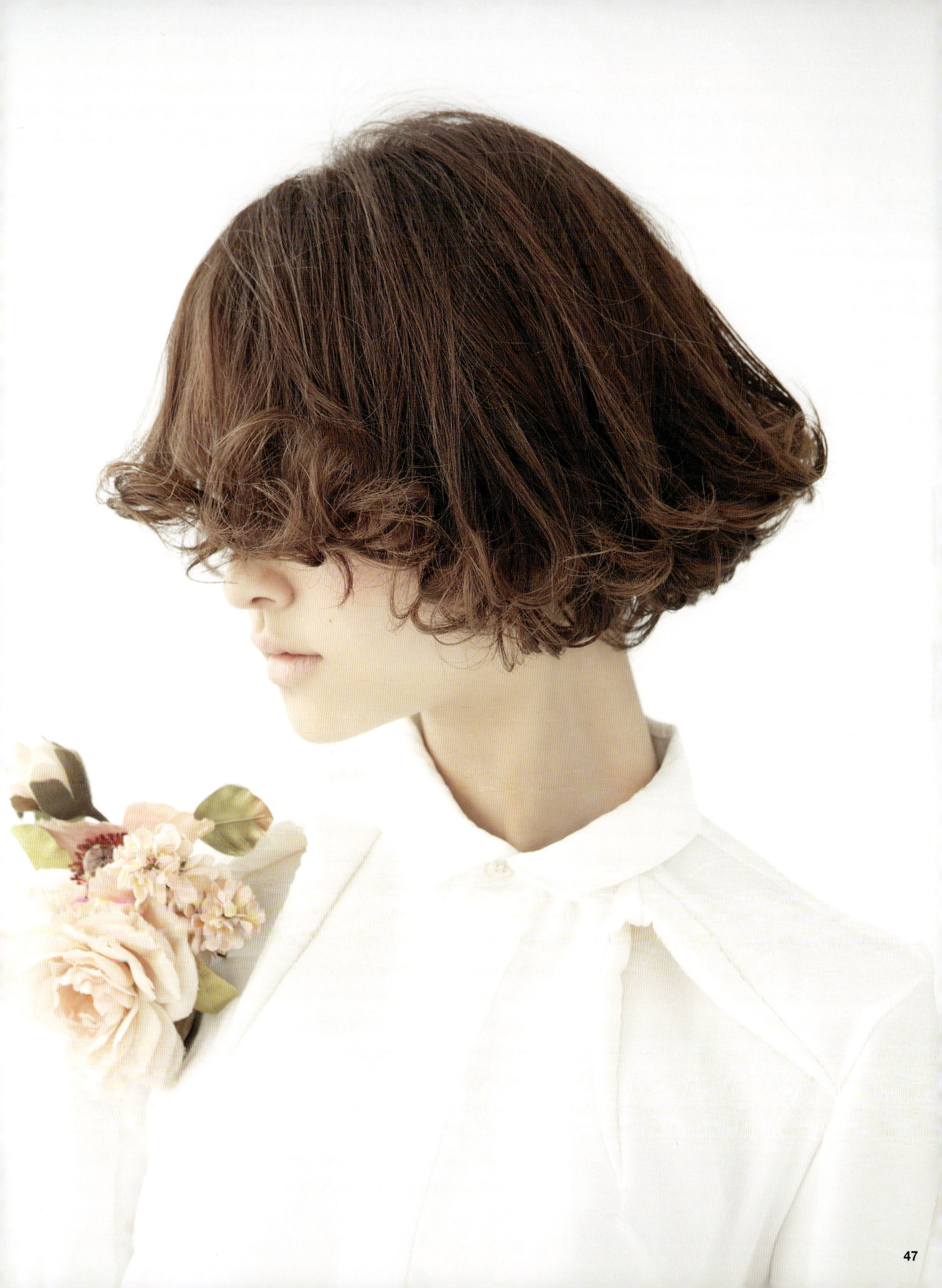

シャツ ¥44,100 ／ BALMUNG × sakaitakeru
コサージュ ¥16,800 ／アトリエ染花（Planche）

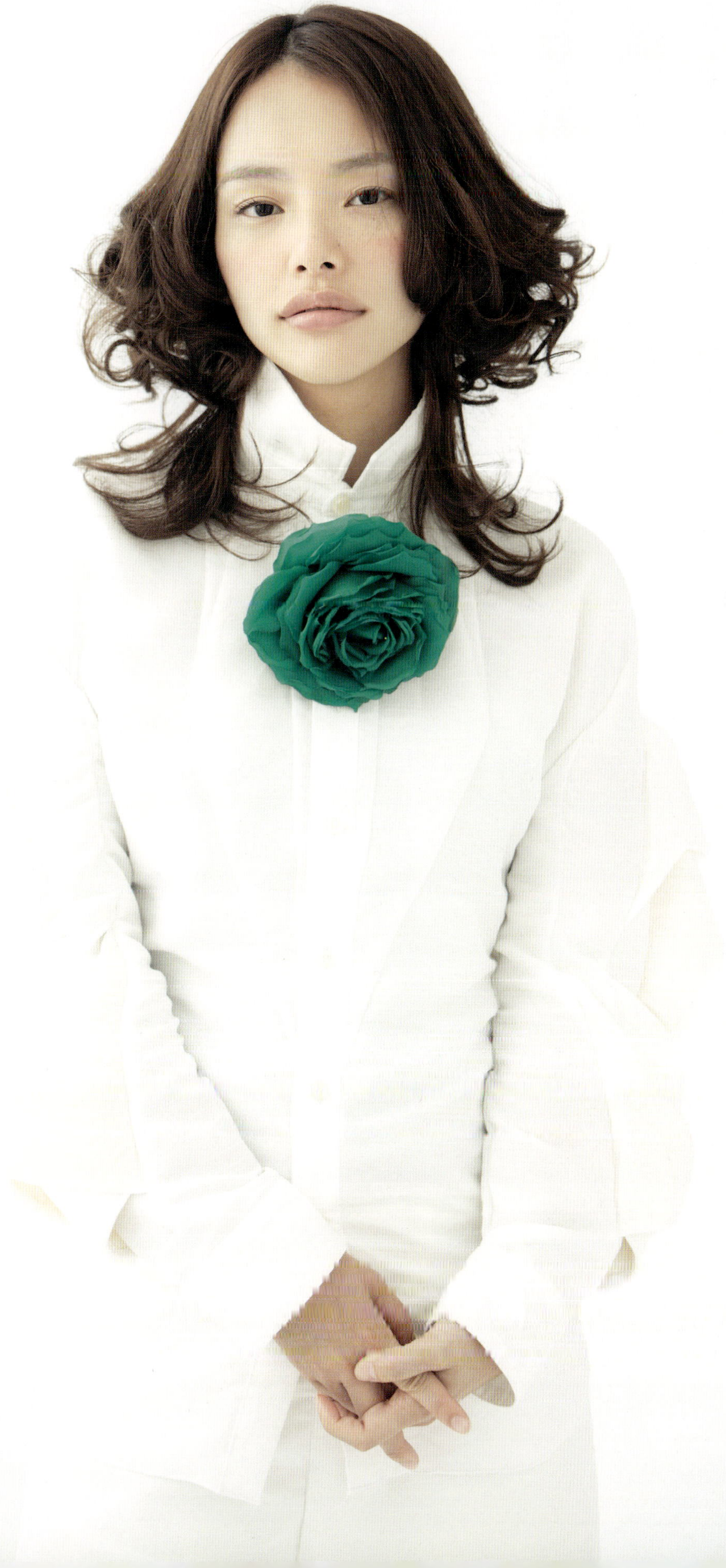

シャツ¥48,300／BALMUNG×sakaitakeru
コサージュ¥8,190／アトリエ染花(Planche)

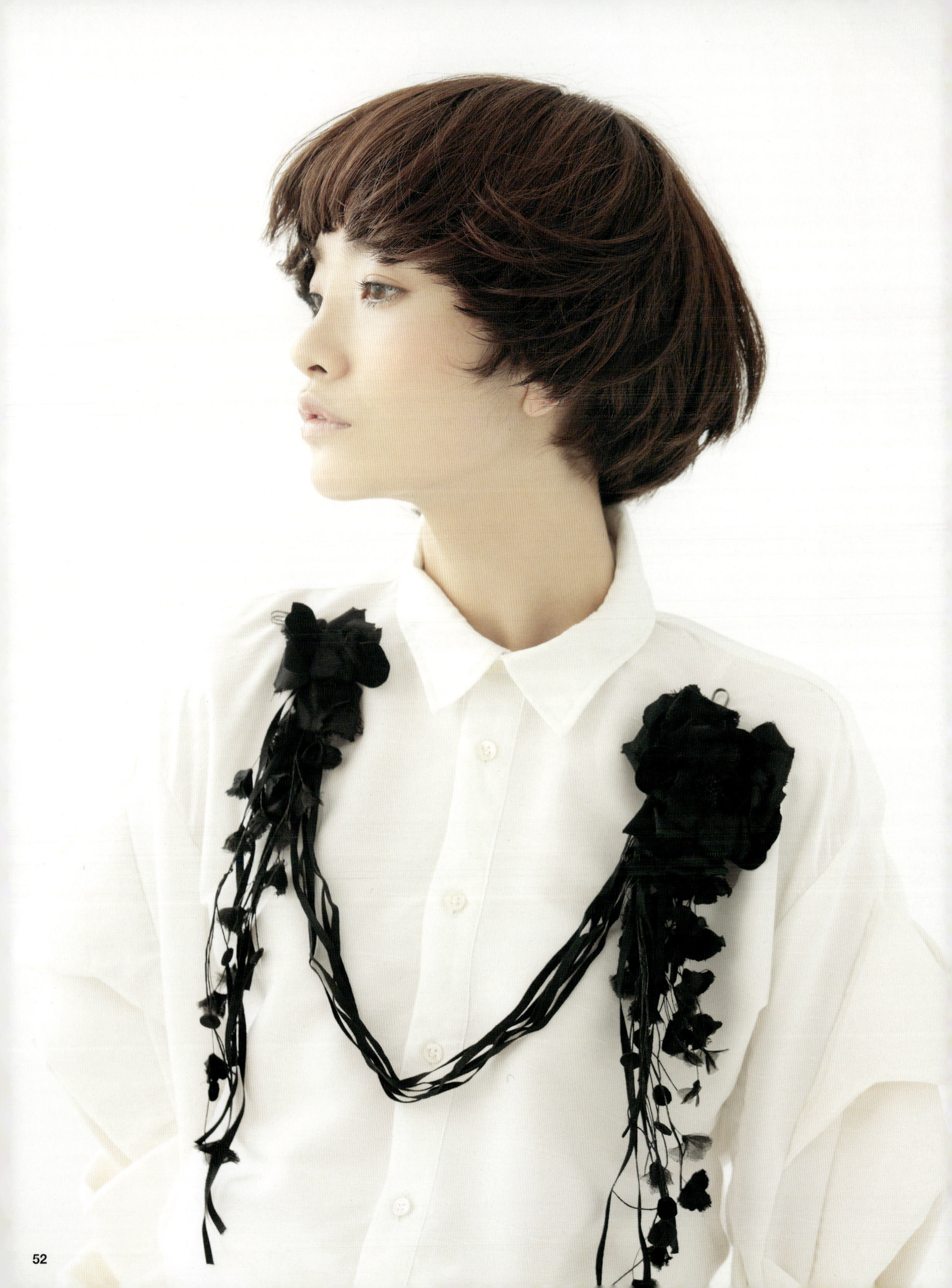

シャツ¥42,000／BALMUNG × sakaitakeru
コサージュ¥25,200／アトリエ染花 (Planche)

シャツ¥42,000／BALMUNG × sakaitakeru
コサージュ¥26,250／アトリエ染花（Planche）

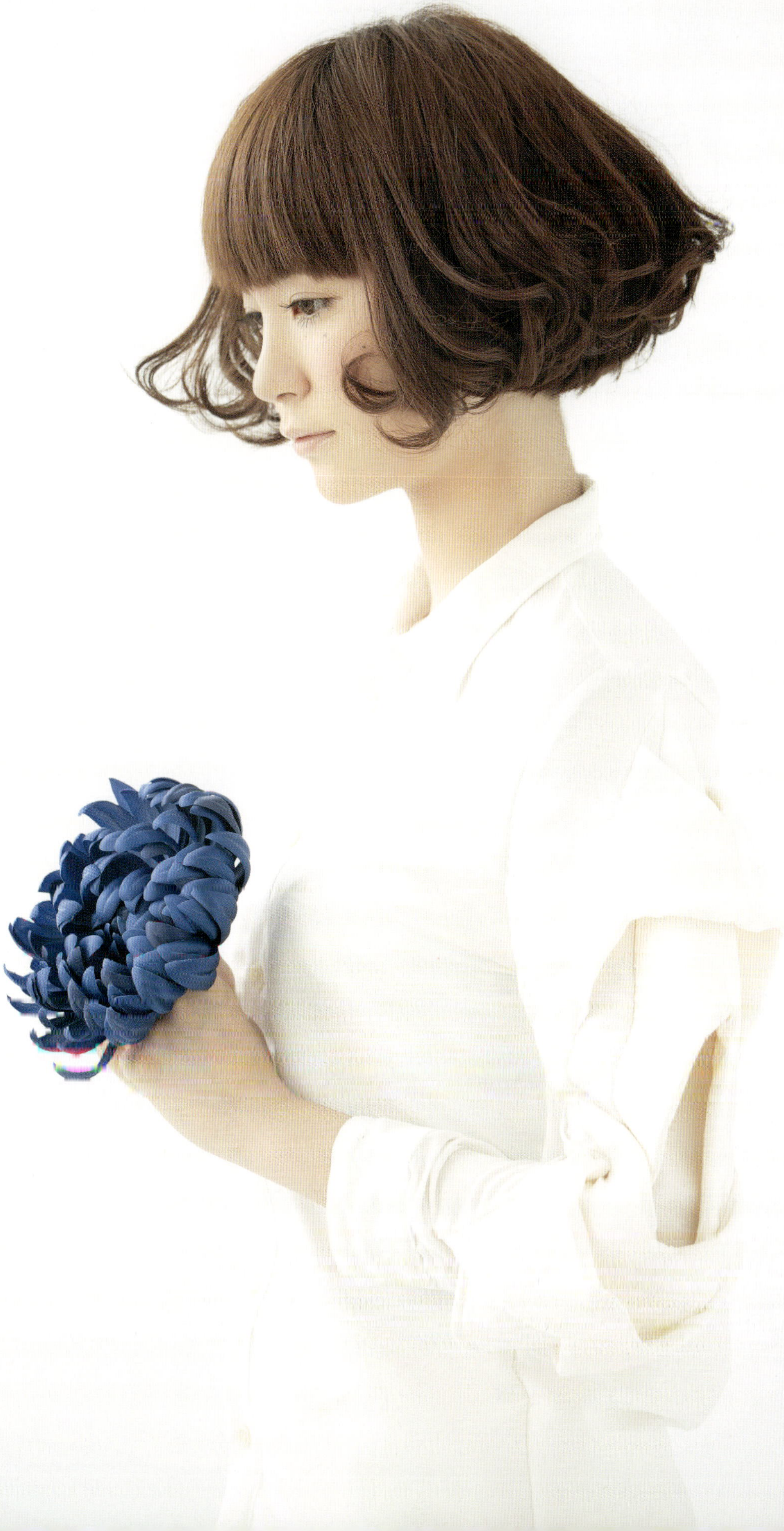

part 03
シザー×レザーでつくる
7つのフォルムと質感

「山下流シザー×レザー」のテクニックを使って、サロンでニーズの高い7つの
ベーシックスタイルを切って行きます。どのスタイルも自然な丸みと、柔らかな質感、
なじみのいい毛先になることが特徴です。

Style 01　前下がりの重めボブ
P58_P65

Style 02　前下がりの軽めボブ
P66_P73

Style 05　重めロングレイヤー
P90_P99

Style 06　グラデーション風ショート
P100_P107

scissors×razor technique

Scissors×Razor Cut Technique Book

Style 03
ひし形ミディアムレイヤー

P74_P81

Style 04
前上がりのマッシュボブ

P82_P89

Style 07
動きのあるショートレイヤー

P108_P115

Style 01
前下がりの重めボブ
hair_Koji Yamashita make-up_ Naoko Masuda

part 03　　　　　Style 01　　　　　**Scissors×Razor Cut Technique Book**

スタンダードな前下がりボブ。でもレングスやフォルム、バングのデザインで、印象は大きく変化します。まずは重めフォルムでセンターパートの、もっともベーシックなボブからスタート。レザーをメインに、重めでも柔らかい丸みがあり、しなやかに動くボブを作ります。

Style 01

前下がりの重めボブ

part 03　　　　Style 01　　　　**Scissors×Razor Cut Technique Book**

Point >>>　バックセクションから、レザーのサイドカーブでカット。レイヤーパネルを重ねることで、一見、グラデーションのような丸みと重さを作ります。レザーメインでカットするため、質感が柔らかく、毛先のなじみがよいボブになります。

バック
第1セクション
ブロッキング

razor cut >>>

01
バックをバックセンターと、耳上で上下に分ける。オンベースではなく、中心点(真中)から引き出す(P26参照)。バックセンターを中心点から縦スライスで引き出し、レザーカット。

02
アウトラインがえり足よりも2センチ長くなる長さに設定し、サイドカーブのショートストローク(P36参照)でカット。レイヤー状の切り口になる。

03
この要領で、左バックセクションすべてを切り進む。

04
右バックサイドも同様に、サイドカーブのショートストロークでカット。

05
バック第1セクションを切り終わったら、最後にフェイスカーブ(P40参照)で、表面をカット。フォルムに丸いカーブがつき、毛先が内側に収まりやすくなる。

11
逆サイドも同様にカット。

12
バック第2セクションの切り上がり。第2セクションがネープに被さることで、グラデーションのような丸さが生まれる。

13
その上の第3セクションは、さらに第2セクションに少し被さる長さに設定。ステムも第2セクションよりやや下げる。

14
同様に、サイドカーブのショートストロークでカット。

15
逆サイドも同様にレザーカット。

第2セクション
切り上がり

第3セクション
ブロッキング

第1セクション
切り上がり

第2セクション
ブロッキング

razor cut >>>

>>> >>> >>> >>>

06
バック第1セクションの切り上がり。

07
その上の第2セクションは、横水平にセクションを取り、01と同様に縦スライスで引き出す。ただしアウトラインが06にやや被るように、えり足の長さギリギリに設定。ステムも少し下げる。

08
同様に、サイドカーブのショートストロークでカット。

09
そのままサイドに進むアウトラインが06にやや被る長さをキープ（アウトラインは切らないように注意）。

10
サイドカーブのショートストロークでレザーカット。

>>> >>> >>> >>> >>>

16
このようなパネル構成になる。第1セクションより、第2セクションが若干長めになることでアウトラインが重なり、レザーカットならではの切り口どうしがくっつきあって、セクション間がなじむ。

17
バック第3セクション切り上がり。実際にはレイヤー状の切り口だが、重なるとグラデーション的な重なりになり、レザーカットならではの柔らかな丸みも生まれる。

18
イア・トゥ・イアよりフロント側に移る。ハチ部分で、ハチまで横スライスでセクションを取る。バックの延長上につなげて、やや前下がりのラインでカットしていく。

19
縦スライスで、前下がりになるようにやや後ろに引き出し、リバースカーブのミディアムストロークでカット。

20
そのまま前に進むが、フロント1線は切らずに残す。この時点では水平に近い前下がりラインにしておくことが大切。ここで角度をつけると、急激な前下がりになり過ぎてしまう。

第3セクション
切り上がり

左サイド
ブロッキング

左サイド
切り上がり

63

右サイド
第1セクション
切り上がり

左サイド
第2セクション
ブロッキング

razor cut >>>

21
逆サイドも19と同様にバックにつなげて水平にブロッキングし、縦スライスでやや後ろに引き出す。

22
左サイドと同様に、サイドカーブのミディアムストロークでカット。

23
最終セクションは、サイドの延長から、アゴ下の長さの前下がりラインにつなぐ。

24
縦スライスでやや後ろに引き出し、20と同様にやや前下がりのラインで、サイドカーブのミディアムストロークでカット。

25
最後に残したフロントを切る。ここからは斜めスライスに変化。

scissors cut >>>

31
最後にフロントで両サイドの長さをチェックし、左右を合わせる。ここまででウエットカットは終了（切り上がりはP65参照）。いったんドライにする。

32
ドライ後、毛量が多い場所、左右で不均一な場所を調整する。内側からフェイスカーブで削り、毛量を取る。表面には入れないこと。

33
残しておいたネープ部分をシザーでカットし、ラインを整える。

34
サイドのラインも下からシザーで整える。

35
首を傾けて、斜めや下からもチェック。目指すデザインによって、どの程度シャープなラインを出すかを決める。

ドライ後

64

part 03   Style 01   Scissors×Razor Cut Technique Book

第2セクション
切り上がり

26	27	28	29	30
フロントはアゴ下の長さの前下がりラインになるように設定。ここも同様にサイドカーブのミディアムストロークでカット。	最終的にはこのようなアゴ下の長さの前下がりラインになる。	逆サイドも同様にカット。	フロント部分は、アゴ下の前下がりラインになるようにカットする。	右サイドの切り終わり。この段階で左右のライン、長さが揃っているかどうか、確認すること。

切り上がり

仕上がり

65

Style 02
前下がりの軽めボブ

hair_Koji Yamashita make-up_ Mana Yamashita

part 03　　　Style 02　　　**Scissors×Razor Cut Technique Book**

Style01に比べて、フォルムも毛先の動きも軽いレイヤーボブです。最初にシザーでレイヤーを入れ、次にそのレイヤー部分をレザーでぼかしていくテクで、オーバーセクション→アンダーセクション→ミドルセクションの順にカットしていきます。2セクション構造のボブになるので、動きもフォルムも軽やかです。

Style 02
前下がりの軽めボブ

part 03　　　Style 02　　　**Scissors×Razor Cut Technique Book**

Point >>> トップのレイヤーをシザーでカットしてから、レイヤーのパネルをレザーで切り直して、毛先をぼかしていきます。その後、ネープのウエイト感を作り、その上に中間〜表面部分を被せてフォルム、量感の調整をします。そのため、骨格や髪質のちがいに柔軟に対応できます。

オーバー第1セクション
切り上がり

scissors cut >>>　>>>　>>>　>>>　>>>

01
オーバーセクションは、シザーでレイヤーを入れる。トップから垂直に引き出し、セイムレイヤーにカット。ウエイトをぼんのくぼ上に落ちる位置に設定したいので、それよりも約2センチ長く切る。

02
縦スライスで引き出し、01の長さをガイドにトップをカット。ここは後からレザーで切り直すことを前提に、仕上がりイメージよりも2センチ程度長めにしてある。

03
後ろほど長さを出したいので、ここでは中心点を顔より前方(04写真参照)に設定して、GPから引き出す。02をガイドにカットし、

04
フロントまで、届く毛束をすべてこの位置に集めてカットする。前にいくほど長さのあるレイヤーとなる。

05
逆サイドも同様にカットする。

>>>　>>>　>>>　>>>　>>>

11
逆サイドも同様にカット。

12
その下のセクションからは、グラのような丸みを出したいので、ステムをやや下げてカットしていく。

13
縦スライスで引き出して、仕上がりに想定している長さよりやや長めに、サイドカーブのミディアムストロークでカット。ここは後から調整できるように長さを残しておく。

14
放射状にスライスを取り、13のステムをキープしたまま、サイド〜フロントまで進む。逆サイドも同様に。

15
フロントまで進む。真横ぐらいから引き出す角度となる。

フロントセクション
切り上がり

第2セクション
切り上がり

70

part 03　　　Style 02　　　Scissors×Razor Cut Technique Book

オーバーセクション
切り上がり

razor cut >>>

06
シザーでカットしたトップのレイヤーを、シザー同様、すべて後ろに引いてレザーでカットしていく。シザーのラインをガイドに、これより、パネルを挟む指一本分（2センチ）短くする要領で切っていく。

07
縦スライスで引き出し、サイドカーブのショートストロークでカット。ただしレザーは、シザーと同じステムにまで引き上げるとカットしづらい。そのため操作しやすい高さ（写真の高さ）に引き出してカットする。

08
放射状にスライスを取り、そのままサイドに向かう。中心点はシザー同様、顔の前方に置く。07で設定したステムをキープしたまま、すべて後ろに引いてカットする。

09
フロントも放射状にセクションを取り、アウトラインが07にやや被る長さに設定（アウトラインは切らないように注意）。

10
ステムをキープしたまま、フロントに進む。

16
ネープに移る。横スライスで、仕上がりよりも根元から、ネープギリギリの長さよりやや長めに、フェイスラインをレイヤーカット。

17
ここはネープの長さを取ると同時に、丸みをつけていくことを意識して。スタイルの土台になる部分なのでがっちりのイメージをきちんと持つことが大切。

18
同様に、ネープ全体をカットしていく。

19
ここは、コームを裏側から入れ、根元を浮かして毛先が内巻きになるようにコームスルーしてからカットすることが大切。つまりコームでクセをつくってやり、これに沿ってレザーカットするイメージで。

20
ネープ切り上がり。

ネープセクション
ブロッキング

ネープセクション
切り上がり

71

バックセクション
ブロッキング

razor cut >>>

21 最後にバックの中間部分を、ネープに被せる。少しウエイトを上げたいので、ステムをやや上げている。アウトラインが、ネープのエンドに揃う長さに設定し、

22 サイドカーブのミディアムストロークでカット。

23 イア・トゥ・イアまで進む。

24 逆サイドも同様の角度をキープして、サイドカーブのミディアムストロークでカット。

25 バックはこのようなパネルの重なりになる。

31 逆サイドも同様に。

32 最後に表面のフロント部分をつくり、似合わせの調整をする。ここではアゴ先を包む前下がりラインに設定。

33 サイドカーブのミディアムストロークで、後ろに引きながら、イメージするラインにカットしていく。ここまででウエットカット終了（P73参照）。

34 ドライ後の状態。正面から見たウエイト部分の毛量がやや多い。

35 ドライ後、毛量調節。気になる部分の内側を、フェイスカーブで取っていく。

サイド
切り上がり

ドライ後

part 03　　　Style 02　　　Scissors×Razor Cut Technique Book

バック
切り上がり

フロント
ライン設定

26
切り上がり。

27
その上の、表面になるセクションは、逆にステムを下げる。ここはステムを上げたままだと、サイドに移った時に、サイドが短くなり過ぎるため。

28
フロントサイドに移る。ここは斜めスライスを取り、24と同じステムでカット。

29
バックの長さをガイドに、やや後ろに引いて、前下がりのラインを作りながらカットしていく。

30
フロントまでこの要領でカット。

切り上がり

仕上がり

73

Style 03
ひし形ミディアムレイヤー
hair_Koji Yamashita make-up_Naoko Masuda

part 03　　　　　　Style 03　　　　　**Scissors×Razor Cut Technique Book**

サロンの定番スタイルのひとつ、ひし形フォルムのミディアムレイヤー。シザーでフォルムのベースを作り、それをレザーでぼかしていくことで、ほどよいメリハリ感と、ふんわりと柔らかな質感、動きを両立させます。レザーを併用することで、似合わせの調節がぐっと簡単になります。

Style 03
ひし形ミディアムレイヤー

Point >>> オーバーセクションのレイヤーはシザーでカットし、フォルムと長さの目安をつけます。その後、パネルすべてを中心点から引き出して、レイヤー部分をレザーでカットし直し、切り口をぼかします。フォルム作りと同時に、量感も調節されていくので、スピーディに仕上がります。

トップセクション
（シザー）
切り上がり

scissors cut >>>

01
トップからシザーでレイヤーを入れていく。ウエイト位置をぼんのくぼ上に設定したいので、ここではそれよりも2センチほど長くカットする。中心点（真中）から引き出し、スライス線に平行にカット。

02
これをガイドに縦スライスで引き出し、GPからフロントまでのセンター部分をカット。

03
さらに左右をカット。その後、トップ全体を放射状に切っていく。つまり、まず十字状にカットして長さの目印をつけてから、トップ全体をカットする。初心者はこのほうが、狂いが生じにくい。

04
そのまま後頭部までつなげる。

05
トップにシザーによるレイヤーが入った。これが長さの目安、フォルムの目安となる。

11
フロントまで進む。同様にサイドカーブのミディアムストロークでカットする。

12
その下の第2セクションも同様にカット。このときステムが下がると、アウトラインが短くなり過ぎるので、下がらないように注意。

13
トップの長さにつなげて、サイドカーブのミディアムストロークでカット。やはり、毛先が内側に収まっていくことをイメージしながら切る。

14
09と同様にサイド〜フロントへと進む。

15
第2セクションの切り上がり。ぼんのくぼ上にウエイトポイントがくる。

第2セクション
切り上がり

part 03　　　Style 03　　　Scissors×Razor Cut Technique Book

razor cut >>>

06
このレイヤーのパネルを、レザーでぼかしていく。そのため全体の切り口が、パネルを挟んでいる指一本分（約2センチ）短くなる。

07
レザーの場合、シザーのステムのままでは切りづらいので、写真のようにステムをやや下げて、サイドカーブのミディアムストロークでカット。毛先が内側に丸く収まるように切っていくことが大切。

08
ステムをキープしたまま、放射状にスライスを取り、サイドに進む。

09
そのままフロントまで、サイドカーブのミディアムストロークでレザーカットする。

10
逆サイドも同様にカット。

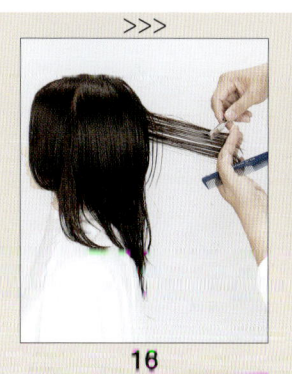

16
その下の第3セクションに移る。第2セクションと同様に引き出し、

17
サイドカーブのミディアムストロークでカット。

18
ステムが下がらないように気をつけ進む。

19
第3セクションの切り上がり。

20
アンダーセクションは2つに分けてカット。手元のセクションを第3セクションとつなぐ。

第3セクション切り上がり

アンダーセクションブロッキング

79

razor cut >>>

21 ステムをキープして、サイドカーブのミディアムストロークでカット。

22 そのまま両バックサイドまでカットしていく。

23 アンダーの下側のセクションに移る。

24 中心点から引き出すステムをキープしながら、サイドカーブのミディアムストロークでカット。

25 ここは毛先が内側に収まるように意識しながらカットしていくこと。

31 ステムはややダウン気味にして、前に引き出し、スライスラインに合わせて、サイドカーブのミディアムストロークでカット。

32 そのままステムをキープして、フロント全体をカット。

33 その上の最終セクションも、同様にカットする。ここまででウエットカットは終了(切り上がりはP81写真参照)。

34 ドライ後、毛量が多い場所、左右で不均一な場所を調整する。この場合は、正面からみたときの、ウエイトポイント付近の厚みが気になる。

35 ここは内側からフェイスカーブで削って毛量を取る。さらにハチ部分など毛量が溜まりやすい部分は、ウイービングカーブ(P43参照)で、毛量を調節している。

フロント第1セクション切り上がり

ドライ後

part 03　　　　　　Style 03　　　　　Scissors×Razor Cut Technique Book

アンダーセクション
切り上がり

サイドセクション
切り上がり

26
アンダーセクションのネープ部分の切り上がり。

27
サイドに移る。ここも中心点をキープしつつ、バックのラインにつなげて、サイドカーブのミディアムストロークでカット。

28
そのままフロントサイドまでカットする。逆サイドも同様に。

29
サイドセクションの切り終わり。ここでは省いているが、初心者の場合、トップ部分（★）は、この段階でいったん下に落としてサイドカーブでつないでおくと、失敗しにくい。

30
最後に、残ったフロント部分をカット。ここはヘムラインに平行のスライスを取る。

切り上がり

仕上がり

Style 04
前上がりのマッシュボブ
hair_Koji Yamashita make-up_Mana Yamashita

part 03　　　　　Style 04　　　　**Scissors×Razor Cut Technique Book**

ベースとなるアウトラインのみシザーでカットしたら、あとはレザーカットによるセクションを重ねていく構成のマッシュです。レザーによるパネルの重なりでできているので、厚みはあってもなじみやすく、動きやすいマッシュになります。

Style 04

▶DVD 前上がりのマッシュボブ

part 03　　　　　Style 04　　　　　**Scissors×Razor Cut Technique Book**

Point >>> アウトラインはシザーで作ったほうが、似合ったラインを設定しやすく、合理的。その後、ラインを再びレザーでカットしていきます。レザーで切ったパネルが重なり合ってできる丸みが、シザーで作るマッシュとは一味ちがった柔らかいフォルムと、毛先のなじみ具合を生み出します。

フロント第1セクション
切り上がり

scissors cut >>>

01 フロントセンターに小さなバング三角ベースを取り、バングの長さを決める。ここでは鼻上の長さに設定し、シザーでブラントカット。

02 さらに左右の幅を少し広げて、この位置に、バング左側のパネルを集めてカット。右側も同様に切る。

03 センターほど短く、端が長くなるため、ややラウンドしたラインになる。

04 フロントサイドは、ヘムラインに平行にスライスを取る。ヘムラインに垂直に引き出して、03のラインの延長上でカット。次のパネルもこの位置に引き出してカット。

05 フロント第1セクションの切り上がり。この部分は、パネルを持つ左手の指先が、目指すアウトラインを指していることを意識しながら切っていくことが大切。

11 逆サイドも06〜10と同様にカット。

12 同様に、イア・トゥ・イアまでカットしていく。

13 逆サイドのフロントセクションの切り上がり

scissors cut >>>

14 バックサイドはフロントのアウトラインの延長上でスライスを取る。スライスに直角に引き出し、フロントの延長ラインに合わせてシザーカット。刃先はネープの仕上がりラインを指していること。

15 NG！ このとき、このように角度を上げて引いてしまうと、耳後ろがえぐれて穴が空いてしまい、ネープが長くなりすぎるので注意。

フロントセクション
切り上がり

バックサイド第1セクション
切り上がり

86

part 03　　　　Style 04　　　　　　Scissors×Razor Cut Technique Book

第2セクション
ブロッキング

第2セクション
切り上がり

razor cut >>>　　>>>　　>>>　　>>>　　>>>

06
第1セクションで作ったアウトラインをガイドに、第2セクションからはレザーでカットしていく。放射状スライスで、シザーのシェープと同じ角度に引き出し、サイドカーブのショートストロークでカット。

07
第2セクションもシザーのシェープと同じ角度で引き出し、ダウンステムでカットしていく。

08
同様に、放射状スライス、サイドカーブのショートストロークでカットしていく。

09
左フロントサイドの最終セクション。ここもシザーと同じシェープの方向と、角度でサイドカーブでカット。

10
耳前部分は特に注意。パネルを上げると、フェイスラインに穴が空いてしまうので、ダウンシェープをキープして。

>>>　　**razor cut** >>>　　>>>　　>>>　　>>>

16
この要領で、バックセクションへと進む。フロント同様、まずシザーでアウトラインを作る。

17
最終シザーでシェープで作ったアウトラインを、06〜13と同様にレザーでカットしていく。ただし、ここは放射状に引き出し、ダウンステムで。

18
すべてのパネルを放射状に落として、フロントの延長ラインで、サイドカーブ、ショートストロークでカットしていく。

19
バックセンターまでこの要領で切り進む。

20
左のバックサイドに移る。

バックサイド第2セクション
ブロッキング

第2セクション
切り上がり

87

左サイド
第1セクション
切り上がり

バックサイド
セクション
切り上がり

バックセクション
ブロッキング

scissors cut >>>   **razor cut** >>>   >>>   >>>   >>>

21 左のバックサイドも14〜16と同様に、シザーでアウトラインを作る。逆サイドのアウトラインと揃っているかどうか確認すること。

22 さらにその上の最終セクションは、17〜19と同様にレザーカット。

23 バックサイドの切り上がり。

24 バックは3セクションにブロッキング。まず、ネープセンターの余分な部分を、フェイスカーブで取る。重みを残したいので、ストロークは短く、ダウンステムで。

25 ネープの第1セクションの切り上がり。

scissors cut >>>   >>>   >>>   >>>   >>>

31 アウトラインをシザーで作る。ここでシャープなラインにするのか、柔らかいラインにするのか、ネープの生えグセを調整する。色々な角度からチェックすること。ウエットカット終了(P89参照)。

32 ドライ後の状態。レザーカットで作ったフォルムなので、通常の髪質なら毛量調節はほとんど必要ないはず。

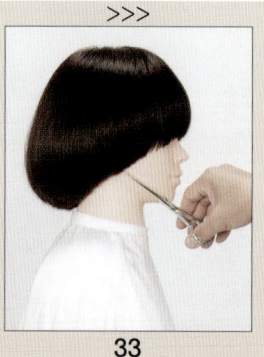

33 ドライ後のチェックカット。縦シザーで、ライン上にはみ出ている部分をカット。

34 バックまで同様に、ラインを整える。

35 首を傾ける、下からのぞくなどして、内側の部分もチェック。

バックセクション
切り上がり

ドライ後

88

part 03　　　　　Style 04　　　　**Scissors×Razor Cut Technique Book**

第2セクション
切り上がり

26	27	28	29	30
その上のセクションは、アウトラインにやや被る長さで、フェイスカーブでカット。ダウンステムをキープすること。	逆サイドも同様にカットしていく。	バック最終セクション。ここは放射状にシェープする。ここはバック全体にやや被る長さに設定して、サイドカーブでレザーカット。	バックサイドから、センターに向かって同様に切り進む。	逆サイドも同様に、バックサイドからセンターに向かってカット。

切り上がり

仕上がり

89

Style 05
重めロングレイヤー

hair_Koji Yamashita make-up_Naoko Masuda

part 03　　　　　　　Style 05　　　　　　　**Scissors×Razor Cut Technique Book**

サロンでもニーズが高い、重めロングレイヤーです。レザーでカットすると、重さを残しながらも毛先が自然に内側に収まるようになるので、扱いやすいロングになります。重さの中にも、ロングレイヤーの魅力の一つである柔らかな動きを出すことが大切です。

Style 05
重めロングレイヤー

part 03　　　　　Style 05　　　　　Scissors×Razor Cut Technique Book

Point >>> 最初にバングの長さを決めて、フロント〜サイドからレザーでレイヤーを入れていきます。全体をレザーでカットした後、最後にトップをシザーで、カドを落とす程度にレイヤーカットし、フォルムを調節。その毛先を再びレザーでぼかします。

razor cut >>>

01
まず、バングの長さを決める。すべての髪を頭の丸みに沿って、放射状に下ろす。

02
バングを三角ベースで分けとる。

03
毛先のラインがぼけるように、ステムをやや上げて引き出し、バックの長さの1/2より、やや長めに設定。サイドカーブのショートストロークでカット。

04
次のパネルからはダウンステムでカット。ステムを上げると、ラインに穴が空いてしまうため。

05
そのままダウンステムで、顔周りを包み込むようなラインになるように意識してカットしていく。

11
ダウンステム、サイドカーブのショートストロークでカット。ラインをほんの少しずつつなげないようにしくカットすると、毛先が自然に内側に入るようになる。

12
逆サイドも同様にカット。

13
さらに後ろ、第2セクション（耳上）まで切り進める。

14
ここもわざと、1つ前のパネルとはつなげずにカット。

15
ダウンステムをキープして、サイドカーブのショートストロークでカット。

サイド第1セクション
切り上がり

part 03　　　Style 05　　　Scissors×Razor Cut Technique Book

フロント第1セクション
切り上がり

第2セクション
切り上がり

>>> >>> >>> >>> >>>

06 フロント第1セクションの切り上がり。

07 逆サイドも同様に。ダウンステムで、サイドカーブのショートストロークでカット。

08 セクションを、フロントサイドまで取り足して、切り進める。コームで指しているこのラインを意識しながら、ダウンステムをキープしてカットすること。

09 そのままサイドに移動。サイドの第1セクション(耳前)まで切り進める。

10 ここはコームが示すラインの通り、その前のセクションとはわざとつなげない。

>>> >>> >>> >>> >>>

16 逆サイドも同様に。サイドカーブのショートストロークでカット。

17 第2セクションの切り上がり。各パネルごと、微妙な差はあるが、つながらないようにしてある。

18 バックサイドまで進み、ここもその一つ前のセクションとはわざとつなげないでおく。

19 サイドカーブのショートストロークで、毛量が同側HV+Aラウンドラインになるように、意識しながらカットしていく。

20 逆サイドも同様にカット。

第2セクション
切り上がり

95

バックサイドセクション
切り上がり

バック第1セクション
切り上がり

第2セクション
切り上がり

>>> >>> >>> >>> >>>

21
バックサイドまでの切り上がり。バックセンターにはまだ長さが残っている。

22
バックセンターは真下に落として、ふたつにセクションを分ける。

23
サイドカーブのショートストロークで、まずバックセンターのカドを落としてから、サイドにつながるように、若干ラウンド気味のラインにカットしていく。

24
その上のセクションも同様に、まずセンターをカットし、

25
若干ラウンドするラインで、サイドにつなぐ。

>>> >>> >>> >>> scissors dry cut >>>

31
この部分は似合わせを考えながら、少しずつ調整していく。

32
厚みが気になる耳上は、フェイスカーブのロングストロークで。表面には入れないように注意。

33
肩にかかる部分は動きが欲しいので、フェイスカーブで厚みを削る。

34
ハチ部分など、まだ厚みが気になる部分も、ウイービングカーブで間引いて取る。

35
内側から、シザーのストロークカットで、毛量を減らしても良い。

フェイスカーブ後

part 03　　　　Style 05　　　　Scissors×Razor Cut Technique Book

ドライ後

scissors cut >>>　　>>>　　>>>　　>>>　　**razor dry out** >>>

26
トップをシザーでレイヤーカット。縦スライスで前に引き出して、飛び出てくるカド部分を取る程度にカットする。

27
これをガイドに、この位置にすべて引き出し、出てきたカドを軽く取る程度にカット。

28
逆サイドのトップも同様に、すべて前に集めて、シザーでカドを取る程度にレイヤーカット。ここまででウエットカット終了(下写真参照)。

29
ドライ後。まだ毛量が多い部分があれば、調整していく。

30
サイドカーブのロングストロークで、フロントの表情をつけていく。

切り上がり

仕上がり

97

Variation
軽めロングレイヤー

重めロングレイヤーのバリエーション編。重めロングレイヤーのオーバーセクションに、さらにレイヤーを加えることで、軽めのロングレイヤーに変化させます。レングスはほとんど変わりませんが、ウエイトがネープギリギリの位置になり、フォルムが大きく変化します。

切り上がり

>>> **razor cut** >>> >>> >>> >>>

06
トップのレイヤーの切り終わり。フロント側ほど短く、バックに向かうにつれて長くなるレイヤーが入った。

07
このレイヤー部分をレザーで切り直し、毛先をぼかしていく。中心点は顔の前方に想定するが、レザーで切りやすいように、ステムはやや下げる。サイドカーブのミディアムストロークでカット。

08
放射状スライスを取り、シザーの切り口に沿って、サイド〜フロントと切り進める。パネルを持つ指1本分(約2センチ)、06の長さよりも全体が短くなる。

09
その下のセクションも同様に、レザーでシザーの切り口をぼかしていく。ここはアンダーの長さにつながるように、ダウンステムにはせず、アウトラインの長さを残す。

10
トップのレザーカットの切り上がり。

トップセクション(シザー)
切り上がり

トップセクション(レザー)
切り上がり

part 03　　　Style 05　　　Scissors×Razor Cut Technique Book

scissors out

01 シザーでレイヤーを入れ直す。トップから縦スライスで垂直に引き出し、正面はアゴを包む位置に、バックはネープの位置にウエイトポイントを想定し、それよりも2センチ長めにカット。

02 中心点を、頭の後方に設定し、パネルは前に引き出して、長さが後ろほど長くなるようにする。

03 これをガイドに、そのままフロントに進む。スライスに平行にカット。

04 この位置にトップバックまですべて集めて切る。

05 さらにトップ全体を放射状に引き出して、出ているカドをチェックカット。

scissors dry cut

11 フロントをカットしやすいように小さな三角で一束取り、ちょうど眉目'インナーバーツ'が7センチくらいの長さに設定する。

12 フロントは3つのセクションに分けて切り分けていく。曲げカットレイヤーの間と同様に、セクションごとに微妙に長さの差をつくって、わざとつなげないようにする。

13 フロントが切り終わり。ここまでがウエットカット。

14 ドライ後。重めロング・レイヤーと同じ要領で、束や毛流れ・動きをさらに出したい部分の毛量調節をしていく。

15 内側は、シザーによるストローク カットか、レザーによりゆりドカーブでもよい。

切り上がり　　　ドライ後

Style 06
グラデーション風ショート
hair_Koji Yamashita make-up_Mana Yamashita

part 03　　　　　　　　Style 06　　　　　　　**Scissors×Razor Cut Technique Book**

一見ショートグラ。しかし正確にはレイヤーの構成でつくる「グラ風のショート」です。最初にシザー×レザーでオーバーセクションのレイヤーをカットします。内側はレザーでフォルムの土台を作り、そこにオーバーセクションをのせてグラ風に見せているので、重さはあっても、自然な丸みと柔らかな動きが生まれます。

Style 06
グラデーション風ショート

part 03　　　　Style 06　　　　**Scissors×Razor Cut Technique Book**

Point >>> 最初にオーバーセクション全体をシザーでレイヤーカットし、長さの目安をつけてから、レザーでその毛先を切り直してぼかします。次にネープからバックを削ってフォルムの土台を作っていき、その上にオーバーセクションのレイヤーを重ねます。最後に、フロントセクションをカット。サイドに流れるバングを作って、ショートグラ風のフォルムと重さを作ります。

Styling arrange

オーバーセクション(シザー)
切り上がり

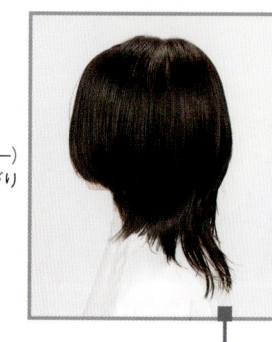

scissors cut >>>

01
オーバーセクションに、シザーでレイヤーを入れる。ウエイトポイントがぼんのくぼ上にくるようにしたいので、トップから真上に引き出し、ウエイトポイントに落ちる長さより2センチ長めにカット。

02
これをガイドに、中心点(真中)から引き出し、トップを縦横、十字状にカットして、長さの目印をつける。

03
それをガイドに、トップ全体を放射状スライスで取り、レイヤーを入れていく。GPも同様にカット。

04
その下のセクションまで、同様にレイヤーを入れる。

05
シザーによる、オーバーセクションのレイヤーの切り上がり。

11
ここでネープの長さも、粗切りで落としておく。

12
オーバーセクションのレザーカットの切り上がり。シザーカットのレイヤーの切り上がり05より、全体が一回り小さく、毛先がなじんでいる。

13
バックを横スライスで4セクションに分け、ネープからショートストロークのフェイスカーブで削っていく。第1セクションはダウンステムでネープギリギリの長さにカット。

14
第1セクションの切り上がり。アウトラインは切り落とさないように注意すること。

15
その上の第2セクションからは、ステムをやや上げて、第1セクションに少し被る長さで、グラデーション的なフォルムになるように操作していく。

オーバーセクション(レザー)
切り上がり

バック第1セクション
切り上がり

razor cut

06 シザーカットしたレイヤーの切り口を、レザーで切り直してぼかしていく。レザーで切りやすい角度にまでステムを下げて、サイドカーブのショートストロークでカット。

07 トップ全体を放射状スライスで取り、サイド～フロントへと進む。パネルを挟む指一本分（約2センチ）トップのレイヤー全体が短くなる。逆サイドも同様に。

08 同様にフロントまで進む。

09 その下のセクションも同様に、レザーのサイドカーブのショートストロークでカット。

10 さらにその下のセクションまで、レザーで切り直す。

16 逆サイドも同様にスライスリードでカット。

17 バック第1セクションの切り上がり。ネープがタイトに締まってくる。

18 その上の第2セクションも同様に、ステムを上げて、フェイスカーブでカット。そのままイア・トゥ・イアまでカットしていく。

19 バックはこのようなパネルの積み重なりになる。

20 バック第3セクションの切り上がり。ここからラウンド的な丸みがでてきている。

第2セクション
切り上がり

第3セクション
切り上がり

バックサイドセクション
切り上がり

フロント第1セクション
切り上がり

razor cut >>> >>> >>> >>> >>>

21
そのままサイドセクションもカットしていく。バックからの延長ラインでサイドカーブのショートストロークでカット。

22
逆サイドも同様にカット。

23
オーバーセクションを被せると、このようなフォルムになる。

24
フロントを作る。バングは鼻のまん中くらいの長さで、右に流れる毛流れをつけたいので、サイドパートでヘムラインに平行のスライスを取り、

25
ダウンステムで、左からレザーを入れる、サイドカーブのショートストロークでラインを作っていく。

razor dry cut >>> >>> >>> >>> >>>

31
ドライ後。毛量が気になる部分、毛先に動きが欲しい部分を調整する。ただしショートグラっぽさを出すために、重さを取り過ぎないこと。

32
こめかみ部分の毛量を、フェイスカーブで取る。

33
動きの欲しいフェイスラインはウイービングカーブで間引く。

34
バングもさらに動きが欲しい部分。ここもウイービングカーブで。

35
ハチ部分の毛量が溜まりやすい。内側からフェイスカーブで調整する。

ドライ後

part 03　　　Style 06　　　　Scissors×Razor Cut Technique Book

フロントセクション
切り上がり

ツーブロックセクション
切り上がり

>>>　　>>> 　　>>>　　>>>　　>>>

26
ダウンステムをキープして、フロントサイドまでカット。

27
逆サイドも、左から入れるサイドカーブでカットしていく。すべて左から入れるサイドカーブにすることで、自然に右に流れる毛流れができる。

28
フロントを切り終わったら、すべて放射状に下ろして、フロントとサイドをサイドカーブのショートストロークでつなげる。

29
最後に、サイドのイア・トゥ・イア前部分を、フェイスカーブで短く薄くカットし、ツーブロック状にする。ここの部分の長さは骨格、髪質、デザインによって決める。

30
逆サイドも同様に、ツーブロック状にカット。ここまででウエットカット終了(下写真参照)。

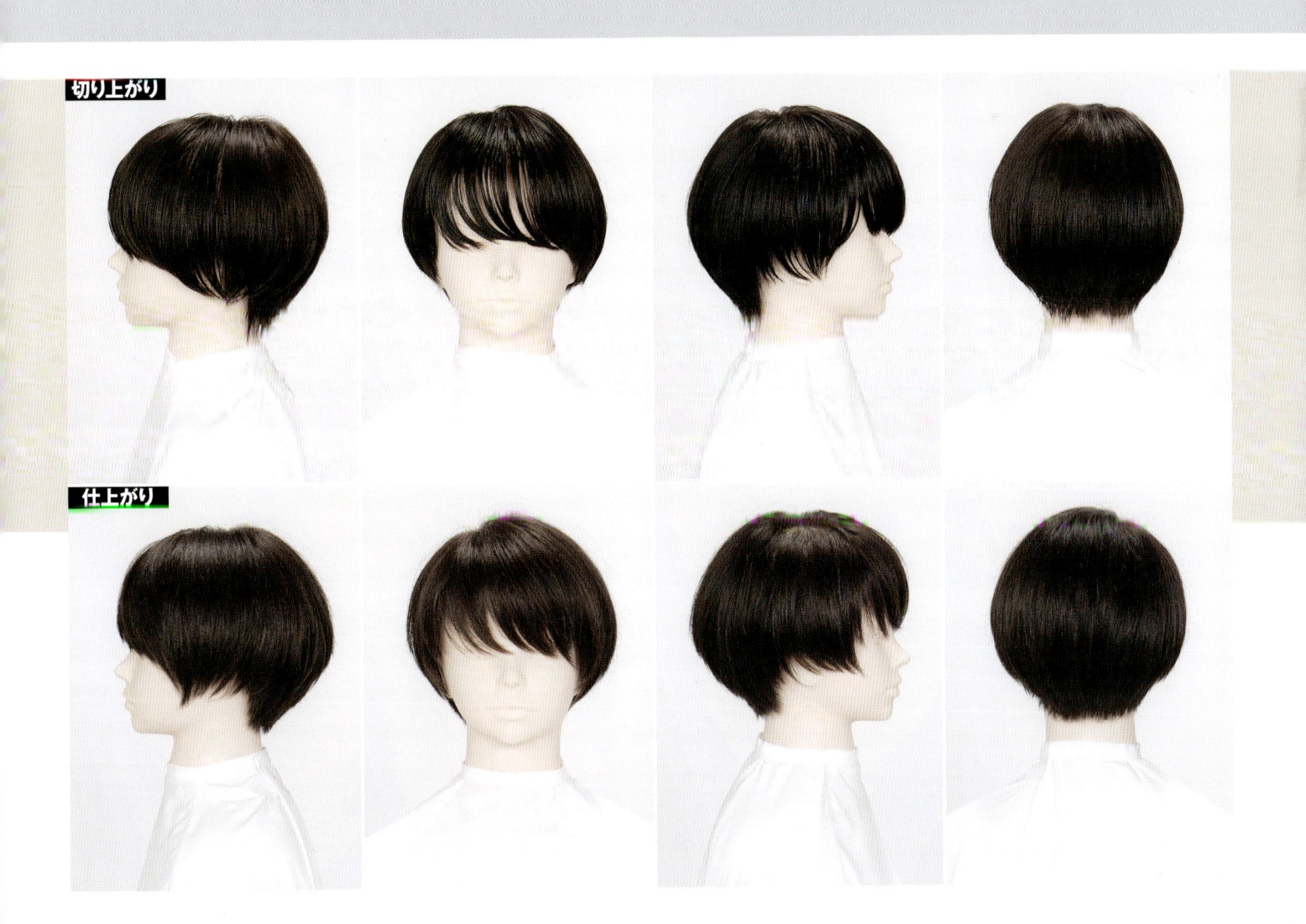

切り上がり

仕上がり

107

Style 07
動きのあるショートレイヤー

hair_Koji Yamashita make-up_Mana Yamashita

part 03　　　　Style 07　　　　**Scissors×Razor Cut Technique Book**

丸みのあるシルエットに、トップからの動きがあるショートレイヤー。あかじめ全体をシザーでレイヤーカットして、長さとフォルムのベースを作ってから、全体の毛先をレザーで切り直していくので、柔らかな動きと空気感があるスタイルになります。また、シザーだけでカットするのに比べて、似合わせの微調整がききやすいのも特徴です。

Style 07
動きのあるショートレイヤー

part 03　　　　　Style 07　　　　　**Scissors×Razor Cut Technique Book**

Point >>>　全体をシザーでレイヤーカットし、長さとフォルムの目安をつけてから、再びレザーでカットしていきます。オーバーセクションをレザーカットした後は、ネープから上に向かってカットし、最後にドライの状態で、動きや表情などのディテールを加えていきます。

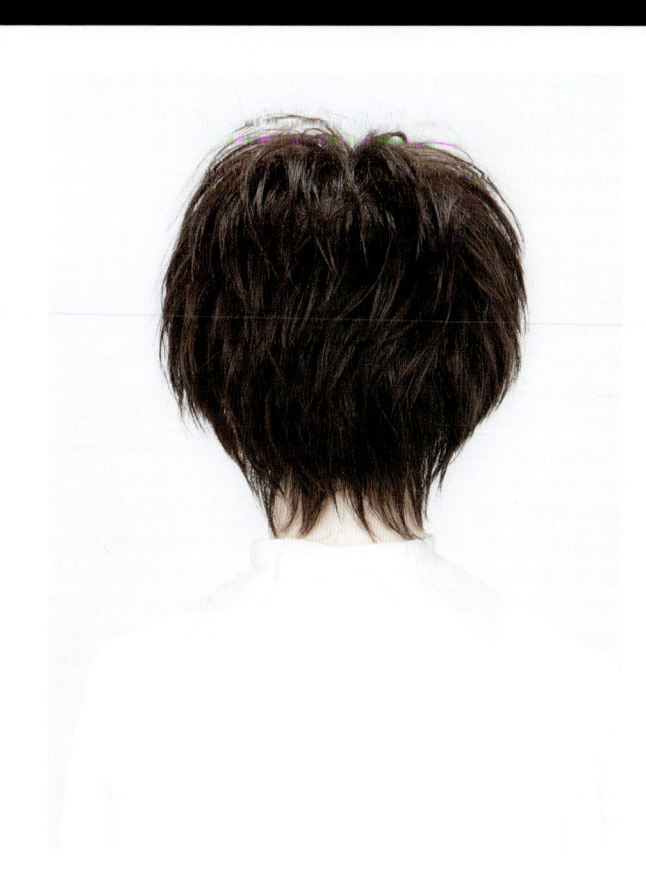

Styling arrange

第1セクション（シザー）
切り上がり

scissors cut >>>

01
オーバーセクションをシザーでレイヤーカット。トップから真上に引き出し、ここではレイヤーの落ちる位置を、ぼんのくぼ上よりもやや上に設定。これよりも約2センチ長く、セイムレイヤーにカット。

02
このままフロントに進み、中心点（真中）から引き出して、01の延長上でセイムレイヤーにカット。

03
次にGP。同様に中心点から引き出し、02につなげてカット。

04
次に左右をカット。つまり最初にトップからレイヤーを十字状に入れて、それをガイドに、トップ全体を切っていく。

05
十字状に入ったレイヤーをガイドに、トップ全体を放射状にカット。セイムレイヤーを入れていく。

razor cut >>>

11
シザーによるレイヤーカット終了（この段階では、仕上がりイメージよりも、全体に約2センチ長めのレイヤーが入っていることになる）。

12
ここからはレザーで、シザーでカットしたレイヤー部分をぼかしていく。シザーと同様に引き出してカットするが、レザーの場合、上に引き上げては切れないので、写真のような高さに引き出す。

13
シザーと同様、放射状セクションを取って、サイドカーブのミディアムストロークでカット。イメージするデザインによっては、ショートストローク、ロングストロークでもいい。

14
フロントまで同様に、サイドカーブのミディアムストロークでカット。すべてのパネルは、パネルを挟む指一本分（約2センチ）、シザーのレイヤーよりも短くなる。

15
その下のセクションも、同様にレザーでカットしていく。ステムが下がらないように注意。

アンダーセクション（シザー）
切り上がり

112

part 03　　Style 07　　Scissors×Razor Cut Technique Book

オーバーセクション（シザー）
切り上がり

06	07	08	09	10
その下のセクションも同様に、中心点から引き出して、セイムレイヤーにカット。	放射状にすべてセイムレイヤーを入れていく。	シザーによるオーバーセクションのレイヤーの切り上がり。	アンダーセクションまで同様に、シザーでセイムレイヤーを入れていく。	この段階では、ネープの長さは切らずに残しておき、後からレザーで調整。

16	17	18	19	20

ドライ後　　第1セクション切り上がり

第3セクション
切り上がり

サイド第2セクション
切り上がり

razor dry cut >>>

21
その上のセクションも同様にフェイスカーブでカット。ステムを落とさず、広めのストロークでカットし、厚みを落とす。ただし一番表面にくるセクションにはレザーを入れない。

22
このようなパネルの積み重ねになる。

23
サイドの内側に移る。サイドは横スライスで、フェイスカーブのミディアムストロークでカット。内側の厚みを半分くらい減らすイメージでカットすると、動きが出やすくなる。

24
その上のセクションに移る。ここも同様に、フェイスカーブのミディアムストロークでカット。アウトラインを切らないように、ステムを上げて切る。

25
サイド第2セクションまでの切り上がり。内側の厚みがかなり減っている。この上の、表面に来るセクションは切らずに残す。

dry cut >>>

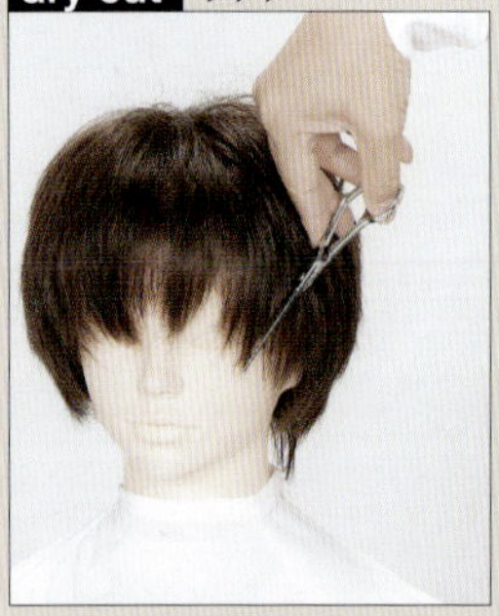

31
同様にフェイスラインにも動きと表情をつける。

32
トップは短く切り離して、この部分が立ち上がるようにする。

33
まだ重さが残る部分は、内側をスライドカットで毛量調節し、ザクッとした質感を出す(丸く収めたいなら、ストロークカットで)。

34
ハチ部分や耳後ろなども、毛量が気になる部分は、スライドカットでピンポイント処理。

35
バックの内側はストロークカットで、自然な収まり感と、丸みが出るようにする。

part 03　　Style 07　　Scissors×Razor Cut Technique Book

>>>　　>>>　　>>>　　>>>　　scissors dry cut >>>

26
逆サイドも同様にカット。

27
両サイドの切り上がり。ドライ後の18に比べて、サイドの厚みがかなり減り、動きが出ている。

28
さらに動きや質感を出すために、ピンポイントの処理をしていく。バングは、動き（や似合わせ）を見ながらフェイスカーブで、ディスコネクトする。

29
このように、バングの内側と外側の間をあえてディスコネクトすることで、空気感と動きが出る。

30
シザーの刃先を使って、バングを間引き、毛先に表情をつける。

切り上がり

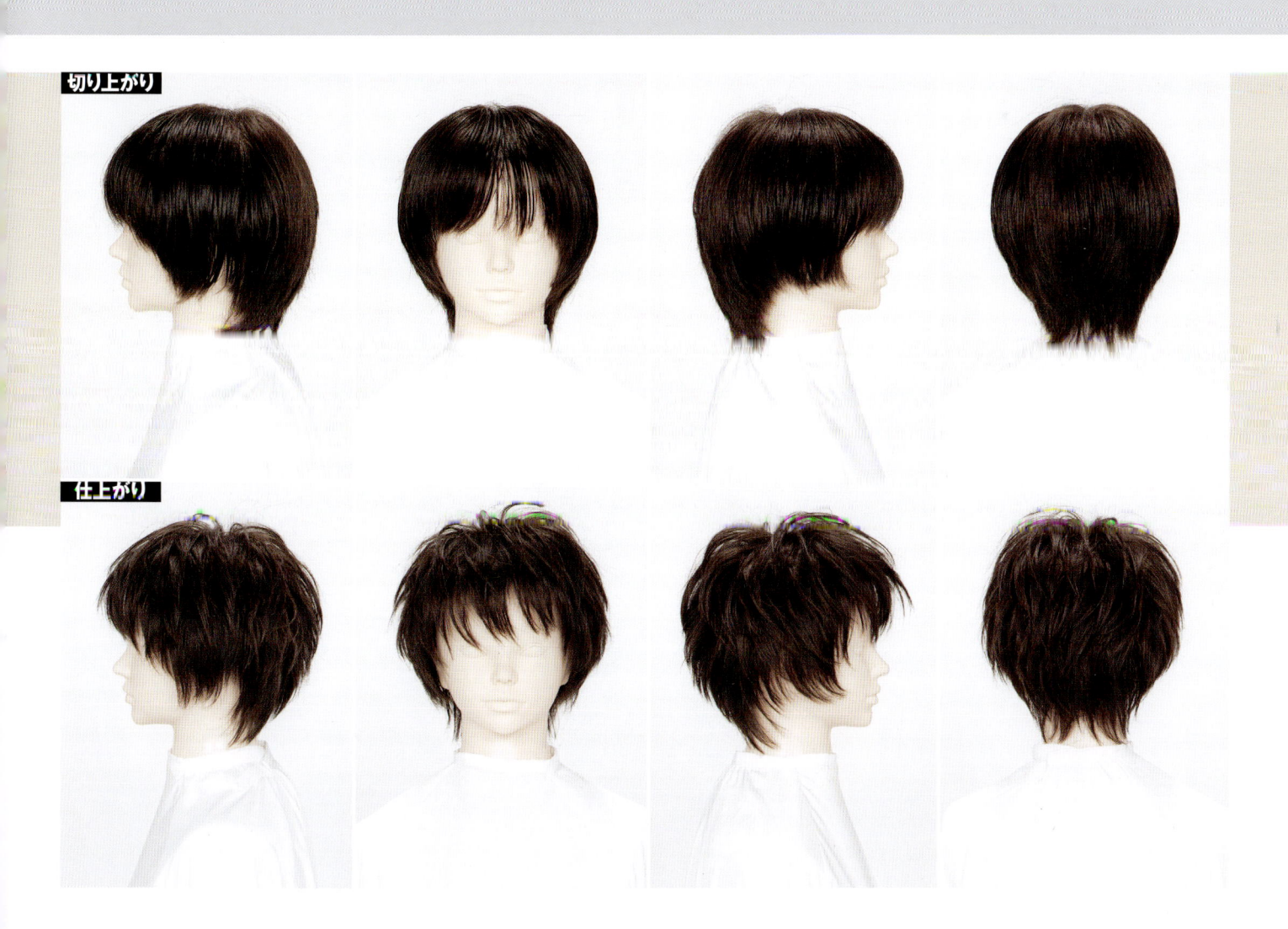

仕上がり

115

Scissors×Razor Cut Technique Book
山下浩二のカットの本

Profile
山下浩二 Koji Yamashita_HEARTS／Double
1961年6月16日、鹿児島県生まれ。高校卒業後、大阪のサロンに入店。同時に高津理容美容専門学校に入学。卒業後、鹿児島のサロン勤務を経て、21歳で上京。原宿のサロン4店舗を経て、1994年独立。原宿に『HEARTS』をオープンさせる。その後、『HEARTS snow』、『HEARTS moon』、『HEARTS harajuku』を出店。現在はそれらを拡大統合させる形で、表参道に150坪の『Double』と、原宿駅前に『HEARTS harajuku』の2店舗を展開している。原宿、青山のトップサロン、トップスタイリストの一人として、一般誌、業界誌に常に登場。山下流デザインに憧れる美容師も多く、セミナーやヘアショーでも高い人気を誇る。

All Hair Design Technique
山下浩二 Koji Yamashita _ HEARTS／Double

Make-up
平本智美 Tomomi Hiramoto

内田由美 Yumi Uchida
増田奈穂子 Naoko Masuda
山下麻菜　Mana Yamashita _ HEARTS／Double

Assistant
佐藤啓人 Hiroto Sato
増田奈穂子 Naoko Masuda
三柴敬志 Satoshi Mishiba
桑名聡美 Satomi Kuwana
森田正浩 Masahiro Morita_ HEARTS／Double

Styling
酒井タケル Takeru Sakai_ jungle

Art Director
大塚 勤 Tsutomu Otsuka_ COMBOIN

design
COMBOIN

Photographer
新 龍二 Ryuji Atarashi_ Shinbiyo Shuppan

Editor
佐久間豊美 Toyomi Sakuma_ Shinbiyo Shuppan

定価／4,725円（本体 4,500円）検印省略
2010年11月1日（第一刷発行）
2013年3月15日（第二刷発行）

著者　　山下浩二 HEARTS／Double
発行者　長尾明美
発行所　新美容出版株式会社
　　　　〒106-0031　東京都港区西麻布1-11-12
書籍編集部 TEL：03-5770-7021
販売部　　TEL：03-5770-1201　FAX：03-5770-1228
振替　　　00170-1-50321
印刷・製本　三浦印刷株式会社
HEARTS & Shinbiyo Shuppan Co.,Ltd.　Printed in Japan 2010

この本に関するご意見、ご感想、また単行本全般に対するご要望などを、下記のメールアドレスでも受け付けております。
post9@shinbiyo.co.jp

コスチューム協力
too much 〒150-0001 東京都渋谷区神宮前1-11-6　ラフォーレ原宿B0.5F　TEL：03-3401-2062
KAMISHIMA CHINAMI　青山店〒150-0002 東京都渋谷区渋谷2-8-17　TEL：03-3406-9210
クラウン 〒151-0051 東京都渋谷区千駄ヶ谷1-21-5村松ビル5A　TEL：03-3746-1365
planche 〒150-0011 東京都渋谷区東2-5-36　TEL：03-3499-6820
MARCOMONDE http://www.marcomonde.jp
TROPOPAUSE http:tropopause.jp
monikoto http://monikoto.com
galaxxxy 〒150-0043 東京都渋谷区道玄坂2-23-10 1F　TEL：03-3461-2033
BALMUNG http://balmungtokyo.web.fc2.com/

山下浩二のカットの本　付録DVD
●再生について
映像と音声を高密度に記録したディスクです。DVD対応プレイヤーで再生してください。詳しくは、ご使用になるプレイヤーの取り扱い説明書をご参照ください。パソコン搭載のDVD-ROMプレイヤーでの動作は保証していません。
●おことわり
このDVDは、一般家庭における私的視聴に用途を限って販売されています。無断でレンタル・複製・放送・公の上映等に使用することは、有料、無料を問わず禁止されています。
●取扱上の注意
両面とも、指紋、汚れ、傷をつけないように取り扱って下さい。汚れたときは、柔らかい布で内周から外周へ向かって放射状にふき取ってください。レコード用クリーナーや溶剤などは使用しないでください。両面とも、鉛筆、ボールペン、油性ペンで書いたり、シールなどを貼付しないでください。ひび割れや変型、接着剤で補修したディスクは、危険ですから使用しないでください。
●保管上の注意
直射日光のあたる場所、高温、多湿な場所での保管は避けてください。使用後はプレイヤーから取り出し、ケースに入れて保管してください。ケースの上に重いものを置いたり、落としたりすると破損し、ケガをすることがあります。